D1728187

VOM MYTHOS DES MANN-MONATS

FREDERICK P.
BROOKS

VOM MYTHOS DES MANN-MONATS

ESSAYS ÜBER SOFTWARE-ENGINEERING

 ADDISON-WESLEY PUBLISHING COMPANY

Bonn · Reading, Massachusetts · Menlo Park, California · Don Mills,
Ontario · Wokingham, England · Amsterdam · Sydney · Singapore · Tokyo
Madrid · Bogotá · Santiago · San Juan

Die englische Originalausgabe ist erschienen unter dem Titel:
Frederick P. Brooks, The Mythical Man-Month

© 1975, Addison-Wesley Publishing Company Inc., Reading, Massachusetts

Der Abdruck einer Textstelle von Robert Heinlein (Der Mann, der den Mond verkaufte, S. 70f.) in der deutschen Übersetzung erfolgt mit freundlicher Genehmigung des Heyne-Verlages, München.

CIP-Kurztitelaufnahme der Deutschen Bibliothek

Brooks, Frederick P.
Vom Mythos des Mann-Monats/Frederick P. Brooks. [Übers.: Armin Hopp; Arne Schäpers]. – Bonn; Reading, Mass.; Menlo Park, Calif.; Don Mills, Ontario; Wokingham, England; Amsterdam; Sydney; Singapore; Tokyo; Madrid; Bogotá; Santiago; San Juan: Addison-Wesley, 1987.
     Einheitssacht.: The mythical man-month <dt.>
     ISBN 3-925118-09-8

© 1987 Addison-Wesley Verlag (Deutschland) GmbH, Bonn

Übersetzung: Armin Hopp, Arne Schäpers, Ottobrunn
Satz: Arne Schäpers, München
Umschlagentwurf: Ulrich Carthaus, Alfter b. Bonn
Printed in Holland

ISBN 3-925118-09-8

Vorwort der Übersetzer

Als F.Brooks diese Serie von Essays schrieb - mittlerweile ist mehr als ein Jahrzehnt vergangen - war die Programmierung von Computern die Domäne eines kleinen Spezialistenzirkels. Auch wenn die Firma Intel bereits im Jahre 1972 den ersten Mikroprozessor auf den Markt gebracht hat: Die Vorstellung eines PC auf jedermanns Schreibtisch wäre selbst vom abgebrühtesten Verkaufsmanager als wilde Phantasterei abgetan worden.

Die Programmierung der ersten Mikrocomputer (des PET 2001 und des Apple][) *war* das Werk von "Garagenduos", auf die der Autor mit dem nachsichtigen Lächeln eines Großrechnerspezialisten anspielt (Kapitel 1). Auch aus heutiger Sicht ist er dabei vollkommen im Recht.

Unnötig zu sagen, daß sich die Zeiten geändert haben. Für die Wochenmiete von 200 KByte zusätzlichem Speicher einer IBM 360 bekommt man einen kompletten Computer mit 4 MByte RAM, Programmierarbeit ohne symbolische Prozedurnamen ist auch auf einem Homecomputer unvorstellbar geworden - und Betriebssysteme von 200 KByte und mehr sind die Regel.

Die Zeit scheint nur in einem einzigen Punkt stehengeblieben zu sein: Probleme der Organisation großer Programmierprojekte haben sich nicht etwa geändert (geschweige denn: sind gelöst worden) - mit der Popularisierung integrierter Programmpakete, deren reiner Code-Umfang bei mehreren hundert KByte liegt, haben sie sich lediglich auf den PC verlagert und dabei vervielfacht. Während die Vorschläge und Überlegungen Brooks' im Großcomputerbereich Allgemeingut sind, ist die Verspätung eines angekündigten Programms auf dem PC-Markt zur Regel geworden (im amerikanischen Sprachraum wurde dafür der bezeichnende Satz "Available real soon now" geprägt).

Einige Aussagen (PL/I als Programmiersprache der Wahl) und Postulate (interaktive Terminals anstelle von Zeilendruckern, Symbole anstelle von Speicheradressen) sind nur noch vor dem historischen Hintergrund von Interesse - der Kernpunkt des Buches, die Organisation großer Programmierprojekte, ist dagegen aktueller denn je.

München, April 1987   Arne Schäpers/Armin Hopp

Einleitung

Das Management großer Computerprojekte zeigt mehr Gemeinsamkeiten mit dem anderer vergleichbar großer Unternehmen, als die meisten Programmierer glauben. Andererseits gibt es aber auch eine Anzahl fundamentaler Unterschiede, die die meisten Projektmanager kaum erwarten werden.

Inzwischen weiß man schon über dieses Problemfeld. Es wurden verschiedene Symposien abgehalten, einige Sitzungen auf AFIPS-Konferenzen beschäftigten sich ebenfalls mit diesem Thema. Parallel dazu sind einige Bücher und Aufsätze in die Diskussion eingebracht worden. Dennoch kann man nicht sagen, daß sich schon zu diesem Zeitpunkt Umrisse abzeichnen, die die Abfassung eines Lehrbuches rechtfertigen würden. Ich fühle mich dennoch berufen, mit diesem Buch meinen eigenen Standpunkt darzulegen.

Obwohl mein ursprüngliches Betätigungsfeld auf dem Gebiet der Computerprogrammierung lag, war ich während der Jahre 1956-1963, in denen das autonome Kontrollprogramm und der Hochsprachencompiler entwickelt wurden, hauptsächlich mit Hardware-Architektur beschäftigt. Als ich dann 1964 Manager des Operating System/360 wurde, fand ich eine im Zuge des Fortschritts stark veränderte Programmierwelt vor. Die Leitung der Entwicklung des OS/360 war für mich eine große Erfahrung, obwohl wir natürlich auch frustrierende Rückschläge erlitten. Das Team hat einschließlich meines Nachfolgers F. M. Trapnell allen Grund, auf das Geleistete stolz zu sein - sie haben ein ausgezeichnetes System auf die Beine gestellt. Es hat sowohl in seinem Design als auch in der Ausführung unbestreitbare Vorzüge und ist deshalb auf dem Markt sehr erfolgreich. Bestimmte Ideen (hervorzuheben sind hier besonders die Umleitungsmöglichkeiten der Ein- und Ausgabe sowie die Verwaltung externer Funktionsbibliotheken), stellten seinerzeit technische Neuerungen dar, die heute fast überall Verwendung finden. Das System ist mittlerweile recht zuverlässig, hinlänglich effizient und sehr vielseitig.

Trotzdem kann das Ergebnis all der Anstrengungen nicht ganz überzeugen, wird doch jedem Benutzer des OS/360 schnell klar, um wieviel besser es sein könnte. Die Mängel in Ausführung und Design liegen hauptsächlich im Betriebssystem selbst, weniger in den Compilern. Die meisten Unzulänglichkeiten haben ihre Wurzeln in den Jahren 1964-1965 und fallen folglich unter meine Verantwortung. Überdies konnte der projektierte Zeitrahmen nicht eingehalten werden, wodurch das Produkt mit Verspätung auf den Markt kam. Es brauchte mehr Speicherplatz als eigentlich geplant, kostete ein Mehrfaches der veranschlagten Summe und gab in den ersten Versionen kein gutes Bild ab. 1965 verließ ich IBM, um nach Chapel Hill an die Universität von North Carolina zu gehen, wie es schon vereinbart worden war, als ich OS/360 übernahm. Dort begann ich, meine gesammelten Erfahrungen zu analysieren. Es ging mir darum, herauszufinden, welche administrativen und technischen Lektionen man daraus ziehen könnte. Eine Klärung der bemerkenswerten Unterschiede, die bei der Entwicklung der System/360-Hardware im Gegensatz zu der der OS/360-Software zutage traten, lag mir dabei besonders am Herzen. Dieses Buch ist also eine reichlich verspätete Reaktion auf Tom Watsons Gretchenfrage, warum die Kunst des Programmierens denn eine so schwierige sei.

Bei der Suche nach einer Antwort habe ich aus langen Gesprächen mit R. P. Case, dem stellvertretenden Manager der Jahre 1964-1965, und F. M. Trapnell, dem Projektleiter von 1965-1968, viele Erkenntnisse gewonnen. Meine Schlußfolgerungen konnte ich schließlich mit den Leitern anderer ähnlich großer Programmierprojekte diskutieren. Unter ihnen waren F. J. Corbato vom M.I.T., John Harr und V. Vyssotsky von den Bell Telephone Laboratories, A. P. Ershov von den Computerlaboratorien der Sibirischen Abteilung der Akademie der Wissenschaften der UdSSR und A. M. Pietrasanta von IBM.

Die Sammlung meiner Erkenntnisse findet sich in den folgenden Essays, die für Berufsprogrammierer, Manager, und besonders für Manager von Berufsprogrammierern bestimmt sind.

Obwohl dieses Buch aus voneinander unabhängigen Essays besteht, ist es doch um einen zentralen Gedanken herum aufgebaut, der sich besonders in den Kapiteln 2-7 wiederfindet. Kurz gesagt bin ich zu der Überzeugung gelangt, daß sich bei großen Programmierprojekten wegen des Maßes an Arbeitsteilung andere Probleme aufwerfen als bei kleineren. Deswegen muß ein Hauptbestandteil der Programmierarbeit in der Bewahrung eines einheitlich durchgehenden Produktkonzepts selber liegen. Die genannten Kapitel untersuchen sowohl die Schwierigkeiten bei dem Versuch, eine solche Struktur durchgängig zu bewahren, als auch die dazu notwendige Methodik. Die folgenden Kapitel werden dann weitere Aspekte des Managements der Software-Entwicklung behandeln.

Die Literatur für dieses Problemfeld ist zwar nicht gerade rar, aber weit gestreut. Deswegen habe ich versucht, Hinweise zu geben, die bestimmte Punkte zusätzlich beleuchten und dem interessierten Leser weitere Arbeiten zum Thema zugänglich machen sollen. Viele meiner Freunde haben das Manuskript gelesen und konnten mir mit ihren Kommentaren oft weiterhelfen; wo diese mir wertvoll erschienen, aber den Fluß des Textes behinderten, habe ich sie in die Anmerkungen aufgenommen.

Da dieses Buch eine Sammlung von Essays enthält, und keinen durchgehenden Text, wurden alle Hinweise und Anmerkungen an das Ende verbannt, wodurch der Leser gezwungen ist, sie zunächst außer acht zu lassen.

Zu tiefstem Dank verpflichtet bin ich Miss Sara Elizabeth Moore, Mr. David Wagner und Mrs. Rebecca Burris für ihre Hilfe bei der Erstellung des Manuskripts und Professor Joseph C. Sloane für seine Ratschläge zur Illustration des Buches.

Inhalt

1
Der Teersumpf

1
Der Teersumpf

Een ship op het strand is een baken in zee.
(Ein gestrandetes Schiff ist eine Bake zur See hinaus.)

Niederländisches Sprichwort

C.R. Knight, Mural of La Brea Tar Pits
Naturhistorisches Museum von Los Angeles, Fotografische Abteilung

Kein Bild aus prähistorischer Zeit ist nur annähernd so beeindruckend wie das vom Todes-kampf riesiger Bestien in den urweltlichen Teersümpfen. Vor dem geistigen Auge erschei-nen Dinosaurier, Mammuts und Säbelzahntiger im Kampf gegen den Sog des Sumpfes. Je heftiger sie sich wehren, desto unnachgiebiger wird der Griff des Teers, und auch all ihre Kraft und Gewandtheit können sie nicht davor bewahren, letztendlich doch zu versinken.

Die Programmierung großer Systeme war während des letzten Jahrzehnts ein solcher Teer-sumpf, in dem viele große und starke Bestien wild um sich geschlagen haben. Die meisten haben funktionierende Systeme hervorgebracht - wenige haben Zielsetzungen, Zeitvorga-ben und Kostenrahmen einhalten können. Ob umfangreich oder schmalbrüstig, in großem oder kleinem Rahmen, ein Team nach dem anderen hat sich in den Sumpf ziehen lassen. Es scheint unmöglich, für dieses Phänomen einen besonderen Grund zu isolieren. Genauso wie die versinkende Bestie, die jede einzelne ihrer Pfoten wieder aus dem Sumpf ziehen kann, schließlich aber doch untergehen muß, ist auch das Programmierteam dem Sog hilflos aus-geliefert. Die Anhäufung gleichzeitig auftretender und sich gegenseitig beeinflussender Faktoren schränkt die Bewegungsfähigkeit immer weiter ein. Jedermann zeigt sich über-rascht von der Unzugänglichkeit des Problems, dessen Natur offensichtlich schwer zu er-gründen ist. Aber wenn wir es lösen wollen, müssen wir versuchen, es verstehen zu lernen.

So wollen wir damit beginnen, die Kunst (das Handwerk?) des Programmierens von Systemen zu beschreiben, mitsamt den ihr innewohnenden Freuden und Leiden.

Das Produkt "Programmiersystem"

Dann und wann liest man in den Zeitungen Berichte über zwei Programmierer, die in einer umfunktionierten Garage ein bedeutendes Programm entwickelt haben, das die Anstren-gungen ganzer Teams in den Schatten stellt. Und jeder Programmierer ist nur allzu gern be-reit, derlei Märchen Glauben zu schenken, ist er doch davon überzeugt, er könne *jedes* Pro-gramm wesentlich effizienter und schneller schreiben als die Teams in der Industrie, deren Durchschnittsleistung bekanntlich bei 1000 Befehlen pro Programmierer und Jahr liegt.

Warum werden dann nicht einfach alle in der Industrie beschäftigten Programmierteams durch solche Garagenduos ersetzt? Dazu muß man genauer betrachten, *was* eigentlich produziert wird.

In Bild 1.1 findet sich oben links das *Programm*. In sich selbst ist es vollständig und kann von seinem Autor auf dem System benutzt werden, auf dem es geschrieben wurde. *Das* ist es, was gewöhnlich in Garagen entwickelt wird, und daran mißt der einzelne Programmierer seine eigene Produktivität.

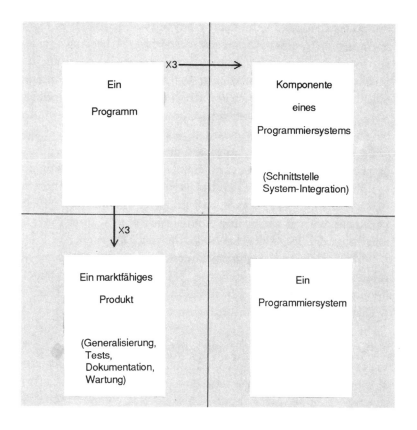

Bild 1.1 Evolution eines Programmierproduktes

Es gibt zwei Wege, um ein Programm in etwas Nützlicheres umzuwandeln - beide sind allerdings mit erheblich höheren Kosten verbunden. Diese beiden Möglichkeiten werden im Diagramm durch zwei Linien dargestellt. Unterhalb der horizontalen Linie sehen wir, wie aus einem Programm ein *marktfähiges Produkt* wird. Ein solches Programm kann von jedermann benutzt, abgefragt, instandgesetzt und erweitert werden. Man kann es in mehreren Systemkonfigurationen und für viele verschiedene Arten von Datensätzen benutzen. Hat man sich ein solches generell verwendbares Produkt zum Ziel gesetzt, muß auch das Programm selber in einer generalisierten Form gehalten sein.

Besonders Umfang und Form der Eingaben verlangen nach weitestgehender Generalisierung, so weit wie es der zu Grunde liegende Algorithmus vernünftigerweise zuläßt. Schließlich muß das Programm einer gründlichen Prüfung unterzogen werden, bis seine Zuverlässigkeit gewährleistet werden kann. Dies bedeutet, daß eine große Anzahl von Prüfverfahren zur Untersuchung des Umfangs der Eingaben und ihrer Grenzen entwickelt, angewandt und festgehalten werden muß. Letztendlich muß das zum marktfähigen Produkt avancierte Programm noch von einer gründlichen Dokumentation begleitet werden, damit ein jeder es verwenden, reparieren und erweitern kann. Als Faustregel gehe ich davon aus, daß ein solches Produkt mindestens das Dreifache eines fehlerbereinigten Programms mit vergleichbarer Arbeitsweise kostet.

Mit dem Sprung über die vertikale Linie wird das Programm zur *Komponente eines Programmiersystems*. Dabei handelt es sich um eine Zusammenstellung interagierender Programme, deren jeweilige Funktionen koordiniert und in eine Struktur eingebracht werden. Aus dieser Montage entsteht dann eine Arbeitseinheit zur Lösung umfangreicher Aufgaben. Damit ein Programm zur Komponente eines Programmiersystems werden kann, muß es so geschrieben sein, daß seine Ein- und Ausgaben syntaktisch und semantisch präzise festgelegten Definitionen entsprechen. Darüber hinaus soll das Programm so angelegt sein, daß es die verfügbaren Ressourcen nur in einem genau festgelegten Ausmaß in Anspruch nimmt - sowohl was Rechenzeit und Speicherplatz als auch die Peripheriegeräte betrifft. Schließlich muß das Programm mit anderen Systemkomponenten getestet werden, und zwar in allen zu erwartenden Kombinationen. Ein solcher Prüfvorgang ist aufwendig - einfach schon deshalb, weil die Zahl der Testfälle mit der der möglichen Kombinationen steigt. Er ist zeitaufwendig, da das Zusammenspiel schon fehlerbereinigter Komponenten völlig unerwartet zu neuen Fehlfunktionen führen kann. Aus all diesen Gründen kostet die Komponente eines Programmiersystems mindestens das Dreifache eines einfachen Programms gleicher Funktion. Wenn das System aus vielen Komponenten besteht, können die Kosten noch höher liegen.

Unten rechts in Bild 1.1 finden wir das Produkt "*Programmiersystem*", das sich in allen oben erwähnten Punkten von einem einfachen Programm unterscheidet. Es kostet das Neunfache. Aber es ist das einzige wirklich brauchbare Produkt, das angestrebte Ziel fast aller Anstrengungen auf dem Gebiet der Systemprogrammierung.

Die Freuden des Handwerks

Warum macht Programmieren Spaß? Welche Freuden kann ein Jünger unseres Handwerks als Lohn erwarten?

Zuerst ist da die schiere Freude an der Herstellung von Dingen an sich. Wie ein Kind sich an seinen Sandkuchen erfreut, so delektieren Erwachsene sich am Zusammenbau aller möglichen Dinge, besonders an den von ihnen selbst erdachten. Ich glaube, diese Freude muß ein Abbild der Freude Gottes an der Schöpfung der Dinge sein, einer Freude, die sich in der Einzigartigkeit und Schönheit eines jeden Blattes und einer jeden Schneeflocke offenbart.

Zum zweiten verschafft es ein großes Maß an Befriedigung, für andere Menschen nutzbringende Gegenstände zu schaffen. Tief in uns wollen wir unsere Arbeit von anderen genutzt und als hilfreich empfunden sehen. In dieser Hinsicht besteht kein wesentlicher Unterschied zwischen Programmiersystemen und dem ersten selbstgemachten tönernen Aschenbecher eines Kindes für den Wohnzimmertisch der Eltern.

Zum dritten ist da die Faszination an der Gestaltung komplexer, puzzlegleicher Objekte aus ineinandergreifenden, bewegten Teilen und an der Betrachtung der Funktion ausgetüftelter Kreisläufe, wobei Konsequenzen von Prinzipien ausgespielt werden, die bereits von Anfang an eingebaut worden waren. Der programmierte Computer verfügt über die ganze Faszination eines Flipperautomaten oder des Mechanismus einer Musikbox - nur, daß er das Nonplusultra der technischen Entwicklung darstellt.

Der vierte Punkt ist die Freude am ständigen Lernen, die in der nonrepetitiven Natur der Aufgabe begründet liegt. Auf die eine oder andere Art ist das Problem immer neu, und wer es angeht, lernt etwas: manchmal praxisbezogen, manchmal theoretisch, und manchmal etwas von beidem.

Zu guter Letzt bereitet es Freude, in einem so leicht formbaren Medium zu arbeiten. Der Programmierer, wie auch der Dichter, arbeitet kaum im Bereich des stofflich Faßbaren. Aus dem Nichts baut er sich Luftschlösser, ist kreativ aus dem Einsatz seiner Vorstellungskraft heraus. Wenige Medien gewähren dem kreativen Menschen ein solches Maß an Flexibilität, sind so leicht zu be- und überarbeiten, erlauben so willig die Realisierung großer konzeptueller Strukturen. (Wie wir sehen werden, hat aber gerade auch diese Formbarkeit ihre eigenen problematischen Seiten.)

Allerdings ist das zum Programm gewordene Gedankengebäude, anders als die Worte des Dichters, wirklich, in dem Sinne, daß sich etwas bewegt und arbeitet. Es werden sichtbare Ausgaben erzeugt, die sich von dem Gedankengebäude selber unterscheiden. Ein Programm kann Ergebnisse ausdrucken lassen, Graphiken anfertigen, Geräusche erzeugen, Maschinenteile in Bewegung setzen. Die Zauberkunst aus Mythos und Legende ist zu unserer Zeit Wirklichkeit geworden. Man gibt über eine Tastatur die richtige Zauberformel ein, und ein Bildschirm wird lebendig, Dinge erscheinen, die es nie vorher gegeben hat und geben konnte.

Schließlich und endlich bereitet das Programmieren Freude, weil es unsere innersten kreativen Bedürfnisse befriedigt und Sinne anspricht, die wir mit allen Menschen gemeinsam haben.

Die Schattenseiten des Handwerks

Nicht alles ist die reine Freude - aber das Wissen um die innewohnenden Leiden macht es leichter, sie zu ertragen, wo immer sie auftauchen mögen.

Zuerst einmal muß man perfekt arbeiten. Auch in dieser Hinsicht erinnert der Computer an die Zauberkunst aus alten Legenden: wenn nur ein einziges Zeichen der Zauberformel nicht genau die richtige Form hat, funktioniert der ganze Zauber nicht. Der Mensch ist nicht dazu geschaffen, perfekt zu sein, und nur wenige Bereiche menschlicher Aktivitäten verlangen dies. Die Gewöhnung an die Notwendigkeit zum perfekten Handeln stellt, so glaube ich, die größte Schwierigkeit beim Erlernen des Programmierens dar.[1]

Dazu kommt, daß es andere Leute sind, die einem die Zielsetzungen vorgeben, Ressourcen zur Verfügung stellen und Informationen liefern. Selten kontrolliert man selber das Umfeld seiner Arbeit, ganz zu schweigen von ihrem Ziel. Um es in die Terminologie des Managements zu fassen: Die Befugnisse des Programmierers sind im Verhältnis zu der ihm auferlegten Verantwortung nicht ausreichend. Es scheint allerdings in allen Bereichen so zu sein,

daß die Jobs, in denen die Aufgaben tatsächlich angegangen werden, nie die ihrer Verantwortung entsprechenden formalen Befugnisse mit sich bringen. Wirkliche Befugnisse aber
(im Gegensatz zu den formalen) werden in der Praxis durch die Kraft des Geleisteten
erworben.

Die Abhängigkeit von anderen hat einen speziellen Aspekt, der für den Systemprogrammierer besonders schmerzlich ist. Er ist abhängig von den Programmen anderer Leute, die
oft schlecht aufgebaut, unzulänglich implementiert, spärlich dokumentiert sind und dazu
häufig unvollständig (d.h. ohne Quellcode und Prüfroutinen) geliefert werden. Deshalb
muß er sich stundenlang mit dem Studium und der Instandsetzung von Dingen herum-
schlagen, die in einer idealen Welt vollständig, verfügbar und benutzbar wären.

Und damit nicht genug - die Freude des Programmierers an seiner Tätigkeit wird noch
durch andere Widrigkeiten überschattet: der Entwurf großer Konzepte macht sicherlich viel
Spaß, die Suche nach verborgenen, kleinen Fehlern dagegen bedeutet einfach Arbeit. Mit
jeder kreativen Aktivität kommen eintönige Stunden langweiliger und mühseliger Arbeit -
das Programmieren macht hier keine Ausnahme.

Dazu kommt zwangsläufig die Erkenntnis, daß die Fehlerbeseitigung bestenfalls einen li-
nearen Verlauf nimmt, obwohl man eigentlich gegen das Ende der Arbeit hin eine Art qua-
dratischer Steigerung erwarten sollte.

Die letzten Leidensmomente, und das bringt dann das Faß manchmal wirklich zum Über-
laufen, erwarten den Programmierer, wenn das Produkt, an dem er so lange gearbeitet hat,
zum Zeitpunkt (oder sogar vor) seiner Fertigstellung bereits obsolet zu sein scheint. Kollegen und Konkurrenten verfolgen längst neue und bessere Ideen. Schon ist die Ablösung des
eigenen Abkömmlings nicht nur im Gespräch, sondern geplant.

Das scheint auf den ersten Blick immer schlimmer zu sein, als es dann wirklich ist. Das
neue und bessere Produkt ist gewöhnlich nicht verfügbar, wenn man sein eigenes fertig-
stellt; es wird nur darüber geredet. Es wird ebenso Monate der Entwicklung brauchen. Gegen den Papiertiger sieht der echte immer etwas schlecht aus, es sei denn, wirkliche
Brauchbarkeit ist gefragt.

Natürlich entwickelt sich die technologische Basis, auf die man sich stützt, immer weiter.
Sobald man eine Entwicklung einfriert, ist sie veraltet, was ihr Konzept betrifft. Aber die
Implementierung wirklicher Produkte verlangt nach Abstimmung und Abwägung. Die Veraltung einer Implementierung muß an schon existierenden gemessen werden, nicht an un-
realisierten Konzepten. Die Herausforderung und die Aufgabe besteht darin, mit verfügbaren Ressourcen im Rahmen wirklicher Zeitpläne wirkliche Lösungen für wirkliche
Probleme zu finden.

Das also ist Programmieren, sowohl ein Teersumpf, in dem viele Bemühungen unterge-
gangen sind, als auch eine kreative Tätigkeit mit den ihr eigenen Freuden und Leiden. Für
viele überwiegen die Freuden bei weitem, und für sie soll mit dem Rest dieses Buches der
Versuch unternommen werden, einige Wege durch den Teer aufzuzeigen.

2
Der Mythos Mannmonat

Restaurant Antoine

Fondé En 1840

ENTREES (SUITE)

Côtelettes d'agneau grillées 2.50	Entrecôte marchand de vin 4.00
Côtelettes d'agneau aux champignons frais 2.75	Côtelettes d'agneau maison d'or 2.75
Filet de boeuf aux champignons frais 4.75	Côtelettes d'agneau à la parisienne 2.75
Ris de veau à la financière 2.00	Fois de volaille à la brochette 1.50
Filet de boeuf nature 3.75	Tournedos nature 2.75
Tournedos Médicis 3.25	Filet de boeuf à la hawaïenne 4.00
Pigeonneaux sauce paradis 3.50	Tournedos à la hawaïenne 3.25
Tournedos sauce béarnaise 3.25	Tournedos marchand de vin 3.25
Entrecôte minute 2.75	Pigeonneaux grillés 3.00
Filet de boeuf béarnaise 4.00	Entrecôte nature 3.75
Tripes à la mode de Caen (commander d'avance) 2.00	Châteaubriand (30 minutes) 7.00

LÉGUMES

Epinards sauce crême .60   Chou-fleur au gratin .60
Broccoli sauce hollandaise .80   Asperges fraîches au beurre .90
Pommes de terre au gratin .60   Carottes à la crème .60
Haricots verts au berre .60   Pommes de terre soufflées .60
Petits pois à la française .75

SALADES

Salade Antoine .60	Fonds d'artichauts Bayard .90
Salade Mirabeau .75	Salade de laitue aux oeufs .60
Salade laitue au roquefort .80	Tomate frappée à la Jules César .60
Salade de laitue aux tomates .60	Salade de coeur de palmier 1.00
Salade de légumes .60	Salade aux pointes d'asperges .60
Salade d'anchois 1.00	Avocat à la vinaigrette .60

DESSERTS

Gâteau moka .50	Cerises jubilé 1.25
Méringue glacée .60	Crêpes à la gelée .80
Crêpes Suzette 1.25	Crêpes nature .70
Glace sauce chocolat .60	Omelette au rhum 1.10
Fruits de saison à l'eau-de-vie .75	Glace à la vanille .50
Omelette soufflée à la Jules César (2) 2.00	Fraises au kirsch .90
Omelette Alaska Antoine (2) 2.50	Pêche Melba .60

FROMAGES

Roquefort .50   Liederkranz .50   Gruyère .50
Camembert .50   Fromage à la crême Philadelphie .50

CAFÉ ET THÉ

Café .20   Café au lait .20   Thé .20
Café brulôt diabolique 1.00   Thé glacé .20   Demi-tasse .1

EAUX MINERALES—BIERE—CIGARES—CIGARETTES

White Rock   Bière locale   Cigare
Vichy   Cliquot Club   Canada Dry   Cigarettes

Roy L. Alciatore, Propriétaire

713-717 Rue St. Louis   Nouvelle Orléans, Louisiane

2
Der Mythos Mannmonat

Die gute Küche braucht ihre Zeit. Sollten Sie einmal warten müssen, dann nur, weil wir Sie besser bedienen und zufriedenstellen wollen.

Speisekarte des Restaurant Antoine, New Orleans

Aus Zeitnot sind mehr Softwareprojekte schiefgegangen als aus allen anderen Gründen zusammengenommen. Warum ist gerade dieser Umstand so häufig für ein Scheitern verantwortlich?

Erstens sind unsere Schätzmethoden nur kärglich ausgebildet. Schlimmer noch, sie spiegeln eine unausgesprochene Annahme wieder - nämlich die, daß schon alles gut gehen werde.

Zweitens erliegen wir mit unseren Schätzmethoden dem Trugschluß, das Ausmaß der Anstrengungen mit Fortschritt zu verwechseln, indem wir die Annahme zugrundelegen, Arbeitskräfte und Arbeitszeit seien austauschbare Faktoren.

Drittens fehlt es Softwaremanagern oft an der höflichen Halsstarrigkeit des Küchenchefs bei Antoine, weil wir uns unserer Schätzungen selber nicht sicher sind.

Viertens wird der Fortgang der Arbeit schlecht überwacht. Methoden dazu, die in anderen Bereichen des Ingenieurwesens erprobt und Routine sind, werden im Bereich der Softwareentwicklung als radikale Neuerungen angesehen.

Wird fünftens dann eine Abweichung vom Zeitplan festgestellt, ist die normale (und traditionelle) Antwort darauf der Einsatz zusätzlicher Arbeitskräfte. Als versuche man ein Feuer mit Benzin zu löschen, wird dadurch alles nur noch schlimmer, viel schlimmer. Ein größeres Feuer muß auch mit mehr Benzin gespeist werden, und so entsteht ein regenerativer Kreislauf, der in einem Fiasko endet.

Die Überwachung der Zeitpläne wird Gegenstand eines eigenen Essays sein. An dieser Stelle sollen andere Aspekte der Problemstellung detaillierter betrachtet werden.

Optimismus

Alle Programmierer sind Optimisten. Vielleicht fühlen sich gerade jene von dieser Art moderner Hexerei angezogen, die an Happy Ends und gute Feen glauben. Vielleicht vertreiben die unzähligen dummen Rückschläge alle bis auf diejenigen, die ständig nur ihr Ziel vor Augen haben. Vielleicht liegt es aber auch daran, daß Computer jung, Programmierer noch jünger und die Jungen immer Optimisten sind. Aber wie auch immer der Selektionsprozeß abläuft, das Ergebnis findet seinen Ausdruck unbestreitbar in Äußerungen wie, "Dieses Mal läuft es ganz bestimmt," oder "Ich habe gerade den letzten Fehler gefunden." Die erste falsche Annahme bei der Zeitplanung des Systemprogrammierens ist das *es wird schon alles klappen*, d.h., *daß jede Aufgabe so viel Zeit braucht, wie sie brauchen "soll"*.

Der Optimismus als gemeinsame Eigenschaft aller Programmierer verdient mehr als eine oberflächliche Analyse. In ihrem ausgezeichneten Buch *The Mind of the Maker* zerlegt Dorothy Sayers kreative Aktivitäten in drei Stufen: Die Idee, ihre Realisierung und die Interaktion.

Ein Buch also, oder ein Programm, wird zuerst als ideelles Gedankenkonstrukt geboren, erstellt jenseits der Grenzen von Zeit und Raum, aber dennoch vollständig im Geist des Autors. Seine Realisierung in Zeit und Raum geschieht durch einen Stift, Tinte und Papier oder durch Draht, Silizium und Ferrit. Die Schöpfung ist komplett, wenn jemand das Buch liest, den Computer benutzt, oder das Programm laufen läßt und so mit dem Geist des Schöpfers in Verbindung tritt.

Diese Beschreibung, die Dorothy Sayers benutzt, um nicht nur die kreative Aktivität des Menschen, sondern auch die christliche Doktrin der heiligen Dreieinigkeit zu beleuchten, ist auch für unsere Fragestellung von Bedeutung. Für den Menschen als Schöpfer der Dinge werden die Unvollständigkeiten und Inkonsistenzen unserer Ideen nur während ihrer Realisierung deutlich. Daher kommt es, daß das Schreiben, Experimentieren und Ausarbeiten essentielle Tätigkeitsbereiche des Theoretikers sind. Bei vielen kreativen Aktivitäten erweist sich das zu bearbeitende Material als wenig formbar. Holz splittert, Farbe verschmiert, falsch gelegte elektrische Leitungen schließen kurz. Die physikalischen Grenzen des Materials schränken also die Zahl der möglichen Ideen ein, wie sie auch bei ihrer Realisierung unerwartete Schwierigkeiten schaffen können.

Aber nicht nur wegen der physikalischen Eigenschaften der Materialien, sondern auch wegen der Unzulänglichkeiten der zugrundeliegenden Ideen kostet uns die Implementierung viel Schweiß und Mühe. Wir neigen gemeinhin dazu, für die Schwierigkeiten bei der Implementierung eher die verwendeten Materialien und weniger unsere Ideen verantwortlich zu machen. Der Stolz auf unser "eigenes Gut", die Idee, macht uns hier auf einem Auge ein wenig blind.

Computerprogrammierer allerdings arbeiten in einem ausgesprochen formbaren Medium. Der Programmierer geht von einem reinen Gedankengebäude aus: von Konzepten und sehr flexiblen Repräsentationen eben dieser Konzepte. Aufgrund der Formbarkeit unseres "Materials" erwarten wir nur wenige Probleme bei der Implementierung - wieder dieser alles durchdringende Optimismus. Weil unsere Ideen aber mit Mängeln behaftet sind, kann auch ihre Realisierung nicht fehlerfrei sein. Folglich ist unser Optimismus nicht gerechtfertigt.

Bei einer für sich alleine stehenden Aufgabe hat die Annahme, daß alles schon klappen werde, einen probabilistischen Effekt. Es könnte tatsächlich alles nach Plan verlaufen, weil man die Wahrscheinlichkeit einer auftretenden Verzögerung errechnen kann, und für den Faktor "keine Verzögerung" gibt es tatsächlich eine begrenzte Wahrscheinlichkeit. Umfangreiche Programmierprojekte allerdings bestehen aus vielen Aufgaben, von denen einige direkt miteinander verkettet sind. Die Wahrscheinlichkeit, daß jede von ihnen programmgemäß bearbeitet wird, ist verschwindend gering.

Der Mannmonat

Der zweite Trugschluß liegt in eben der Einheit, die wir als Maßstab unserer Schätzungen und Zeitvorgaben zugrundelegen: dem Mannmonat. Es ist schon richtig, daß die Kosten in ihrem Verhältnis zum Produkt aus der Anzahl der Arbeitskräfte mit der Anzahl der Arbeitsmonate variieren. Aber die Arbeit geht deshalb trotzdem nicht schneller voran. *Also ist der Mannmonat als Maßstab für den Umfang des Arbeitsaufwandes ein gefährlicher und irreführender Mythos.* Der Begriff will uns glauben machen, Männer und Monate seien austauschbare Faktoren.

Austauschbar sind sie als Werte aber nur in einem Fall: Eine Aufgabe muß so gestellt und aufgeteilt sein, daß viele Arbeitskräfte sie zusammen bewältigen können, *ohne daß dabei ein Informationsaustausch notwendig ist.* Das mag bei Weizenernten und Weinlesen zutreffen - im Fall des Systemprogrammierens trifft es nicht einmal annähernd den Punkt.

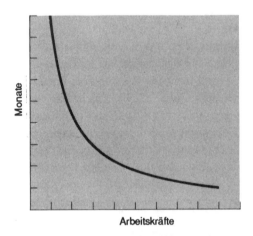

Bild 2.1 Arbeitszeit vs. Arbeitskräfte - vollständig unterteilbare Aufgabe

Wenn eine Aufgabe nicht auf mehrere Schultern gelegt werden kann, weil sie in einer bestimmten Reihenfolge durchgeführt werden muß, hat auch die größte Anstrengung keinerlei Einfluß auf den zeitlichen Ablauf (Bild 2.2). Das Austragen eines Kindes dauert nun einmal 9 Monate, egal wieviele Frauen damit beschäftigt sind. Der Softwareprogrammierer wird oft von diesem Phänomen geplagt, denn es liegt in der Natur der Fehlersuche, daß sie Schritt für Schritt, also linear, erfolgen muß.

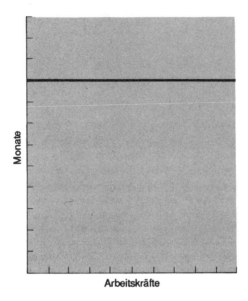

Bild 2.2 Arbeitszeit vs. Arbeitskräfte - unteilbare Aufgabe

Dann gibt es aber auch teilbare Aufgaben, die einen gewissen Informationsaustausch bedingen. Der Aufwand für diese Kommunikation muß als Teil der zu leistenden Arbeit angesehen werden. Deshalb liegt das maximal erreichbare Ergebnis etwas unterhalb der Gleichsetzung von Männern und Monaten (Bild 2.3).

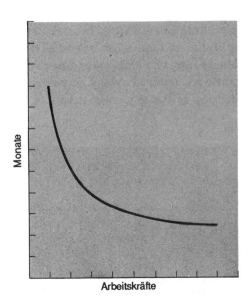

Bild 2.3 Arbeitszeit vs. Arbeitskräfte - unterteilbare Aufgabe, die Kommunikation erfordert

Die zusätzliche Belastung durch Kommunikation hat zwei Seiten: Ausbildung und die Kommunikation zwischen den einzelnen Mitarbeitern. Jede Arbeitskraft muß in gewissen Bereichen ausgebildet werden. Sie muß sich Kenntnisse über die angewandte Technologie, den Sinn der eigenen Anstrengungen, die Vorgehensweise und die Pläne für den Ablauf der Arbeit aneignen. Eine solche Ausbildung ist nicht weiter aufteilbar. Deshalb schwankt der zusätzliche zeitliche Aufwand dafür lediglich linear mit der Zahl der Arbeitskräfte.[1]

Bei der Kommunikation der Mitarbeiter untereinander sieht es schon schlimmer aus. Wenn jeder Teil der Aufgabe separat mit jedem anderen koordiniert werden muß, steigt der Aufwand gemäß der Formel n(n-1)/2. Drei Arbeitskräfte brauchen für den anfallenden Austausch von Informatiomen dreimal mehr Zeit als zwei; vier brauchen schon sechsmal länger. Ganz kompliziert wird es dann, wenn jetzt noch zwischen drei, vier oder mehr Mitarbeitern Konferenzen abgehalten werden, mit dem Zweck der gemeinsamen Lösung irgendwelcher Probleme. Der zusätzliche Aufwand, den der Informationsaustausch mit sich bringt, kann den ursprünglichen Sinn der Arbeitsteilung gänzlich ins Gegenteil verkehren, eine Situation, die in Bild 2.4 dargestellt ist.

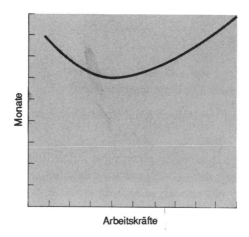

Bild 2.4 Arbeitszeit vs. Arbeitskräfte - Aufgabe mit komplexer Kommunikationsstruktur

Die Programmierung von Software ist nichts anderes als eine Übung in komplexen Beziehungsgefügen. Weil sie bekanntlich immer in ein System einbezogen ist, muß der Aufwand an Kommunikation entsprechend groß sein. So kommt es, daß die Zeit, die der einzelne Mitarbeiter durch die Aufgabenteilung eigentlich gewonnen hatte, wieder verloren geht. Der zusätzliche Einsatz von Arbeitskräften bringt also nichts, er verzögert sogar die Fertigstellung des Produkts.

Systemprüfung

Nichts beeinträchtigt den zeitlichen Ablauf eines Programmierprojekts so nachhaltig wie die Fehlerbeseitigung und die Überprüfung des Gesamtsystems. Wie schon gesagt liegt es in der Natur dieser Arbeiten, daß sie nie gleichzeitig, sondern nur Schritt für Schritt erledigt werden können. Wieviel Zeit sie schließlich wirklich in Anspruch nehmen, hängt wesentlich von der Anzahl und Schwere der auftretenden Fehler ab. Theoretisch sollte es eigentlich gar keine Fehler geben, denn unser Optimismus verleitet uns ja dazu, die möglichen Schwierigkeiten geringer einzuschätzen, als sie später dann tatsächlich sind. Man sieht also, daß die Überprüfung der Systeme den am schlechtesten planbaren Teil der Projekte ausmacht.

Ich selber habe in den letzten Jahren bei der Planung von Softwareprojekten folgende Faustregel recht erfolgreich angewandt:

- 1/3 Planung

- 1/6 Codierung

- 1/4 Prüfen der Komponenten und erste Probeläufe des Systems

- 1/4 Prüfen des Systems mit allen Komponenten

Von der herkömmlichen Planungsweise unterscheidet sich dieser Vorschlag in einigen wesentlichen Punkten:

1) Der Planung des Projekts wird mehr Zeit gewidmet als es normalerweise üblich ist. Und trotzdem reicht diese Zeit gerade dazu aus, einen soliden und detaillierten Entwurf auf die Beine zu stellen. Forschung und die Einarbeitung in neue Technologien können hier kaum miteinbezogen werden.

2) Der Fehlerbereinigung des Programms wird mit Hälfte der gesamten Projektdauer ungewöhnlich viel Zeit vorgegeben.

3) Der einfach zu schätzende Faktor, d.h. die Umsetzung in eine Programmiersprache, wird mit nur einem Sechstel der verfügbaren Zeit veranschlagt.

Bei der Untersuchung konventionell geplanter Projekte ist mir aufgefallen, daß nur bei wenigen tatsächlich die Hälfte der vorgesehenen Projektdauer den Prüfvorgängen angesetzt worden war. Gleichzeitig aber mußte bei den meisten von ihnen eben doch die Hälfte der wirklichen Projektdauer darauf verwendet werden. Viele dieser Unternehmungen lagen gut in der Zeit, bis sie sich in den Prüfvorgängen, und auch nur da, verzettelten.[2]

Versäumt man gleich am Anfang, gerade für den Systemtest genug Zeit vorzusehen, kann das Projekt ein schlimmes Ende nehmen. Da sich Verzögerungen hier naturgemäß erst kurz vor dem Ende des projektierten Zeitraums (also direkt vor der geplanten Auslieferung des Produkts) bemerkbar machen, kann auch niemand zu einem früheren Zeitpunkt damit rechnen. Und schlechte Nachrichten, darüber hinaus auch noch so spät und ohne jede Vorwarnung, beunruhigen sowohl die Kundschaft als auch die eigenen Manager.

Zudem haben Verzögerungen zu diesem Zeitpunkt ernsthafte finanzielle und psychologische Auswirkungen. Das Projekt hat jetzt die meisten Mitarbeiter, die Kosten sind entsprechend astronomisch hoch. Zudem wird die Software in anderen Geschäftsbereichen (z.B. für die Auslieferung der Computer und bei Neuinstallationen) dringend benötigt. Wenn sie zu spät fertiggestellt wird, können durch den Zeitverlust enorme Folgekosten entstehen. Tatsächlich können diese Folgekosten die des eigentlichen Projektes schnell übertreffen. Deshalb ist es besonders wichtig, der Überprüfung des Systems in der Planung von Anfang an genügend Zeit einzuräumen.

Schätzen ohne Risikobereitschaft

Für den Programmierer, wie auch für den Küchenchef, hat das ungeduldige Drängen des Kunden einen direkten Einfluß auf die Vorstellung, wie die Aufgabe zu lösen sei. Auf den wirklichen Ablauf aber kann es keine Einwirkungen haben. Ein Omelette, das in zwei Minuten auf dem Tisch sein soll, kann noch so vielversprechend in der Pfanne vor sich hin brutzeln; wenn es nicht wie versprochen fertig wird, hat der Gast nur zwei Möglichkeiten - er wartet, oder er ißt es roh. Der Softwarekunde hat ungefähr die gleiche Wahl.

Der Koch hat noch eine andere Möglichkeit: er dreht einfach die Hitze hoch, mit dem Ergebnis, daß das Omelette oft nicht mehr zu retten ist - außen ist es verbrannt, innen noch nicht gar.

Ich will hier wirklich nicht behaupten, daß Softwaremanagern weniger Courage und Entschlossenheit zu eigen ist als etwa Küchenchefs oder den Managern in anderen technischen Berufen. Aber eine falsche Arbeitsplanung allein nach den zeitlichen Vorgaben des Kunden ist in unserer Branche wesentlich häufiger als in verwandten Bereichen. Es fällt nun einmal schwer, rückhaltlos, plausibel (und manchmal unter dem Damoklesschwert des Auftragsverlustes) Planungen zu vereiteln, die jeglicher Grundlage entbehren. Wem dieses Rückgrat fehlt, der muß Angaben machen, die sich auf keinerlei quantitative Methoden, wenig Wissen und sonst eigentlich nur auf die Eingebungen der Manager und Wünsche der Kunden stützen.

Offensichtlich sind hier zwei Lösungswege vorgegeben. Es mangelt bis dato an der Entwicklung und Veröffentlichung von Daten über Produktivität und Fehlerhäufigkeit, Schätzmethoden und so weiter und so fort. Die ganze Branche kann nur davon profitieren, wenn sie diesbezügliche Erkenntnisse teilt.

Bis die Schätzungen allerdings auf einer soliden Basis stehen, gilt es für die Manager, sich ein dickes Fell zuzulegen. Sie werden weiterhin ihre Schätzungen mit dem Hinweis verteidigen müssen, daß ihre mangelhaften Eingebungen immer noch besser sind als die Ergebnisse irgendeines Wunschdenkens.

Die rückkoppelnde Planungskatastrophe

Was ist also zu tun, wenn ein wichtiges Softwareprojekt hinter seinen Zeitvorgaben zurückbleibt? Man stellt natürlich neue Leute ein. Wie die Bilder 2.1 bis 2.4 zeigen, kann das helfen, muß es aber nicht.

Dazu wollen wir uns ein Beispiel anschauen. Stellen Sie sich vor, eine Aufgabe sei auf 12 Mannmonate für drei Männer auf jeweils vier Monate angelegt worden. Weiter stellen Sie sich vor, daß die Aufgabe aus den kontrollierbaren Abschnitten A, B, C, D besteht, die jeweils zum Ende eines Monats auslaufen (Bild 2.5).

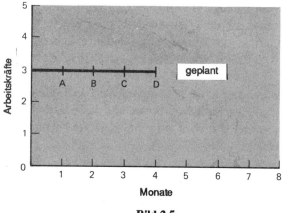

Bild 2.5

Welche Alternativen hat nun der Manager, wenn der erste Abschnitt noch nicht fertig bearbeitet ist, nachdem bereits zwei Monate vorüber sind?

1)   Gehen wir davon aus, daß die Aufgabe pünktlich bewältigt werden muß. Gehen wir weiter davon aus, daß nur der erste Teil falsch geplant war, dann haben wir in Bild 2.6 die korrekte Darstellung der Vorgänge. Es bleiben noch 9 Mannmonate, aber nur noch zwei zur Lösung der Aufgabe. Es werden also 4 1/2 Männer gebraucht. Stellen Sie zu den dreien, die Sie schon haben, zwei zusätzliche Männer ein!

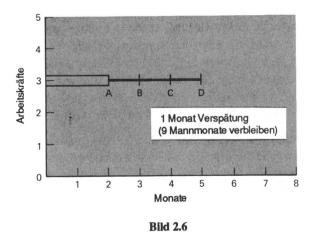

Bild 2.6

2)   Gehen wir wieder davon aus, daß die Aufgabe pünktlich bewältigt werden muß. Nur waren diesmal unsere Schätzungen für alle Arbeitsschritte gleichbleibend zu niedrig angesetzt. Hier beschreibt Bild 2.7 die Situation. Es bleiben also 18 Mannmonate, für die wir neun Mann benötigen. Zu den dreien, die Sie schon haben, stellen Sie folglich sechs neue ein.

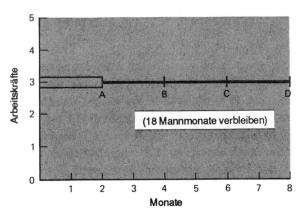

Bild 2.7

3) Planen Sie neu! Mir gefällt der Vorschlag von P. Fagg, einem erfahrenen Hardware-
   ingenieur, der gesagt hat: "Mach' keine halben Sachen!". Wenn man also schon seine
   Planungen umwerfen muß, dann sollen die neuen Vorgaben wenigstens so angelegt
   sein, daß es nicht noch einmal passieren kann.

4) Überarbeiten Sie die Aufgabenstellung! In der Praxis wird das sowieso gemacht, sobald das Team eine Verzögerung bemerkt. Überall, wo Verzögerungen hohe Folgekosten verursachen, ist das der einzig gangbare Weg. Der Manager hat nur zwei Alternativen: Entweder überarbeitet und kürzt er die Aufgabe selber, oder er muß mitan-
   sehen, wie sie das durch Schludrigkeiten bei der Konstruktion und Prüfung des Produkts gleichsam selber tut.

In den ersten beiden Fällen hat es katastrophale Folgen, wenn man darauf besteht, die Arbeit trotz allem in vier Monaten zu erledigen. Betrachten wir zum Beispiel die Rückkopplungseffekte bei der ersten Alternative (Bild 2.8). Die zwei neuen Männer können noch so
gut und noch so schnell eingestellt worden sein, sie müssen immer von einem erfahrenen
Kollegen angelernt werden. Wenn das nur einen Monat dauert, gehen gegenüber der ursprünglichen Planung drei Mannmonate verloren. Zudem war die Aufgabe ja eigentlich
dreigeteilt und muß jetzt fünf Arbeitskräften übertragen werden. Folglich muß man wohl
einen Teil der schon verrichteten Arbeit vergessen und für die Überprüfung des Systems
mehr Zeit veranschlagen. Am Ende des dritten Monats sind also noch sieben Mannmonate
übrig. Dagegen stehen fünf ausgebildete Kräfte und nur noch ein Monat zur Bewältigung
der Arbeit. Wie Bild 2.8 zeigt, hätte man sich die Einstellung neuer Arbeitskräfte sparen
können, denn das Produkt konnte nicht früher fertiggestellt werden als bereits in Bild 2.6
dokumentiert.

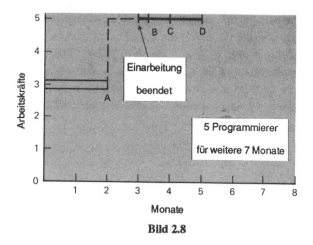

Bild 2.8

Wenn man nur die reine Ausbildung, nicht aber eine neue Arbeitsteilung und die Systemüberprüfung miteinbezieht, darf man sich der Hoffnung hingeben, das Projekt rechtzeitig
beenden zu können. Dazu müssen aber schon vier, nicht zwei, neue Kräfte eingestellt
werden, und das am Ende des zweiten Monats. Um auch noch die Auswirkungen der neuen
Arbeitsteilung und der Systemüberprüfung abzudecken, müßten weitere Einstellungen vor-

genommen werden. Am Ende hat man mindestens ein Siebenmannteam, im Gegensatz zu den ursprünglichen drei. Das hat Konsequenzen auf die Organisation des Teams und die Arbeitsteilung, die jetzt natürlich ganz anderer Natur sein müssen.

Am Ende des dritten Monats sieht man in unserem Beispiel ziemlich schwarz. Trotz aller Anstrengungen der Manager wurde das gesetzte Ziel nicht erreicht. Fast übermächtig ist die Versuchung, den ganzen Kreis noch einmal zu durchlaufen, also wiederum neue Leute einzustellen. Der circulus vituosis ist nun perfekt, und in dunklen Abgründen lauert der Wahnsinn auf das gesamte Team.

Bis jetzt hatten wir angenommen, nur der erste Arbeitsabschnitt sei falsch geplant gewesen. Macht man zu diesem Zeitpunkt aber die eher konservative Annahme, der Zeitplan sei als Ganzes zu optimistisch, will man (siehe Bild 2.7) gleich sechs neue Leute auf die ursprüngliche Aufgabe ansetzen. Ohne Zweifel werden auch hier die Rückkopplungseffekte für ein heilloses Durcheinander sorgen. Drei Leute hätten, ohne zusätzliche Hilfskräfte, nur durch eine neue Zeitplanung ein besseres Produkt wesentlich früher abgeliefert.

In schamloser Vereinfachung formulieren wir hier das Brooksche Gesetz:

Der Einsatz zusätzlicher Arbeitskräfte bei bereits verzögerten Softwareprojekten verzögert sie nur noch mehr.

Dies also war die Zerstörung des Mythos vom Mannmonat. Die Dauer oder Anzahl der Monate eines Projektes ist abhängig von der Art und Reihenfolge seiner Arbeitsschritte. Die Zahl der Beschäftigten ist abhängig von der Zahl der unabhängigen Teilgebiete, aus denen sich die jeweilige Aufgabe zusammensetzt. Auf diese zwei Größen kann man Planungen mit weniger Arbeitskräften in größeren Zeitspannen gründen. (Das einzige Risiko besteht in der Veraltung des Produkts.) Auf keinen Fall kann eine sinnvolle Projektplanung mehr Arbeitskräfte auf Kosten der Projektdauer veranschlagen. Aus Zeitnot sind mehr Softwareprojekte schiefgegangen, als aus allen anderen Gründen zusammengenommen.

3
Das Ärzteteam

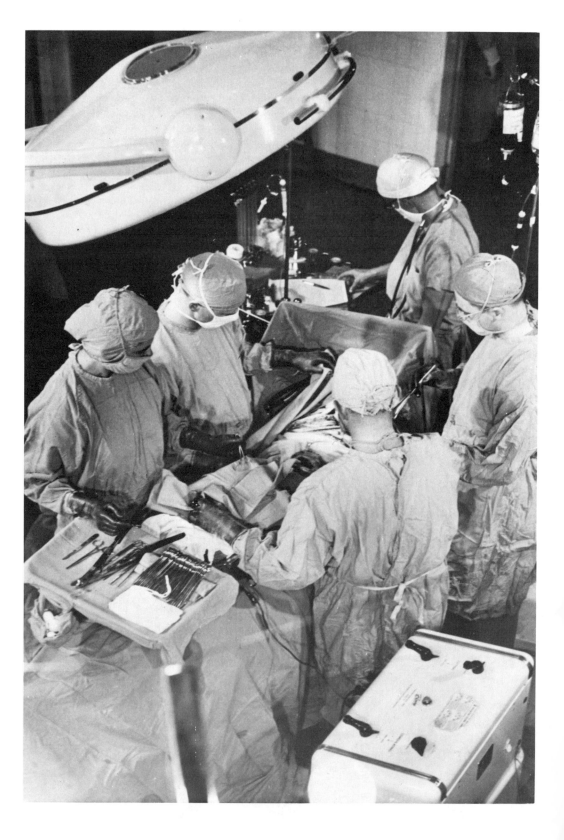

3
Das Ärzteteam

Diese Studien offenbarten immense individuelle Unterschiede zwischen leistungsfähigen und schwächeren Testpersonen, und das oft in einem unglaublichen Ausmaß.

Sackman, Erickson und Grant[1]

Photo: UPI

Unter Computerfachleuten hört man immer wieder die Meinung jüngerer Manager, ein kleines leistungsfähiges Team von erstklassigen Leuten sei jedem großen Projekt mit hunderten von oft mittelmäßigen Programmierern vorzuziehen. Dieser Meinung sind wir alle.

Aber diese naive Vorstellung umgeht das wirkliche Problem - wie baut man denn nun *große* Systeme in einem vernünftigen Zeitraum? Diese Frage soll im folgenden von allen Seiten beleuchtet werden.

Das Problem

Jeder Manager eines Programmierteams weiß schon lange um die Lücken, die zwischen der Produktivität der besseren und der der schlechteren Programmierer klaffen. Als die Leistungsunterschiede dann aber tatsächlich einmal untersucht wurden, waren wir von den Ergebnissen alle sehr überrascht. Gegenstand einer der Untersuchungen von Sackman, Erickson und Grant waren die Leistungsunterschiede innerhalb eine Gruppe von erfahrenen Programmierern. Allein in dieser Gruppe ergaben die Studien Produktivitätsdifferenzen in einem Verhältnis von 10:1. Was die Schnelligkeit der Programme und die Effektivität der Speicherausnutzung betrifft, waren die Unterschiede mit einem Verhältnis von 5:1 ebenfalls erstaunlich hoch. Kurz gesagt, der 20000-Dollar-Programmierer kann gut und gerne 10 mal mehr leisten als der, der 10000 Dollar pro Jahr verdient. Das mag natürlich auch umgekehrt zutreffen. Die Ergebnisse zeigten keinerlei Beziehung zwischen Erfahrung und Leistung der Programmierer. (Ich bezweifle, daß man dies verallgemeinern kann.)

Ich habe im vorangegangenen Kapitel belegt, daß bereits die Anzahl der klugen Köpfe, die in einem solchen Projekt koordiniert werden müssen, starke Auswirkungen auf die Kosten hat. Ein großer Teil der Kosten entsteht schließlich nur durch die Beseitigung der Nebeneffekte schlechter Kommunikation unter den Beschäftigten (d.h. durch die Fehlerbereinigung). Auch das läßt es wünschenswert erscheinen, am Bau eines Systems möglichst wenige Köpfe zu beteiligen. Die Erfahrungen mit großen Computerprojekten zeigen, daß mit Gewalt nichts zu erreichen ist. Vielmehr verteuert und verlangsamt Ungeduld die Arbeiten und bringt letztendlich doch nur ein Produkt hervor, dem jegliche konzeptuelle Einheit fehlt. OS/360, Exec 8, Scope 6600, Multics, TSS, SAGE, etc. - die Liste könnte beliebig fortgeführt werden.

Die Lösung des Problems ist simpel: Hat man ein Projekt von 200 Mann mit 25 Managern, die auch die kompetentesten und erfahrensten Programmierer sind, schmeißt man die 175 niedrigen Chargen einfach raus und setzt die Manager an die Computer.

Diese Möglichkeit wollen wir uns näher ansehen. Einerseits wird sie der Forderung nach einem *kleinen* leistungsfähigen Team nicht gerecht, das ja aus maximal 10 Personen bestehen sollte. Das Team ist so groß, daß es mindestens zwei Befehlsebenen braucht, also ungefähr 5 Manager. Zudem benötigt man noch finanzielle Unterstützung, Personal, Räumlichkeiten, Sekretärinnen und Operatoren.

Andererseits war ja schon das 200-Mann-Team nicht in der Lage, ein wirklich großes System gewissermaßen gewaltsam zu realisieren. Nehmen wir zum Beispiel das OS/360. Auf seinem Höhepunkt waren über 1000 Personen daran tätig - es gab nicht nur Programmierer,

Autoren, Operatoren, Verwaltungsangestellte und Manager, sondern auch jedwede Unterstützung aus anderen Bereichen und so weiter und so fort. In den Jahren von 1963-1966 wurden schätzungsweise 5000 Mannjahre auf das Design, die Konstruktion und die Dokumentation des Systems verwendet. Unser 200-Mann-Team hätte demnach 25 Jahre benötigt, um das Produkt in seiner gegenwärtigen Form abzuliefern, wenn Arbeitskräfte und Arbeitszeit austauschbare Faktoren wären.

Das also ist das Problem der kleinen leistungsfähigen Teams: *Sie sind zu klein für wirklich große Systeme*. Stellen wir uns einmal vor, ein solches Team, sagen wir von 10 Mann, würde sich an OS/360 versuchen. Die beteiligten Programmierer sind so gut, daß sie sowohl bei der Programmierung als auch bei der Dokumentation siebenmal mehr leisten als der Durchschnitt. Weiter wollen wir davon ausgehen, daß OS/360 nur von mittelmäßigen Programmierern entwickelt wurde (was wirklich nicht wahr ist). Schließlich kann die Produktivität nochmal um den Faktor sieben erhöht werden, weil die Hemmnisse durch einen hohen Kommunikationsaufwand bei dem kleinen Team erheblich reduziert sind. Die letzte Annahme soll darin bestehen, daß das Team über die ganze Projektdauer unverändert zusammenbleibt. $5000/(10 \times 7 \times 7)=10$ - das Team wäre also 10 Jahre lang mit den 5000 Mannjahren beschäftigt. Ist das Produkt aber 10 Jahre nach seiner ursprünglichen Konzeption noch interessant? Oder wird es wegen der rasanten Entwicklung auf dem Gebiet der Softwaretechnologie veraltet sein?

Ein grausamer Zwiespalt. Aus Gründen der Effizienz und zur Bewahrung eines geschlossenen Konzeptes bevorzugt man eine kleine Gruppe kluger Köpfe, die die ganze Arbeit erledigt. Trotzdem muß man bei großen Projekten auch viele Kräfte wirkungsvoll einsetzen können, um das Produkt so schnell wie möglich auf den Markt zu bringen. Wie kann man diese beiden Forderungen miteinander vereinbaren?

Mills Vorschlag

Harlan Mills bietet eine ganz neue und kreative Lösung an, indem er vorschlägt, jeweils ein Segment einer Aufgabe einem Team anzuvertrauen. Allerdings, und das ist das neue an seinem Vorschlag, sollte es wie ein Ärzteteam organisiert sein und nicht etwa wie die Belegschaft eines Schlachthofes. Es soll also nicht mehr jeder allein an seinem Problem herumdoktern - der Chefarzt operiert, und die anderen haben die Aufgabe, ihm in seiner Produktivität und Effektivität bestmögliche Hilfestellung zu geben.

Schon ein wenig Nachdenken zeigt, daß dieses Konzept unsere Forderungen erfüllt, wenn es tatsächlich durchgeführt werden kann. Nur wenige Köpfe sind an der Konstruktion des Systems beteiligt, aber dennoch können viele Helfer sinnvoll eingesetzt werden. Kann das funktionieren? Wer sind die Anästhesisten und Krankenschwestern im Team, und wie wird die Arbeit aufgeteilt? Ich möchte bei dem Bild vom Ärzteteam bleiben, wenn ich nun darzulegen versuche, wie ein solches Team auszusehen hätte, wenn es allen erdenklichen Notwendigkeiten entsprechen soll.

Der Chefarzt. Mills nennt ihn den *Chefprogrammierer*. Er legt persönlich die Spezifikationen von Funktion und Arbeitsweise des Produkts fest, codiert das Programm, programmiert und überprüft es und fertigt die Dokumentation an. Er arbeitet mit einer strukturierten

Programmiersprache wie z.B. PL/I und hat uneingeschränkten Zugang zu einem Rechner, der nicht nur für die Probeläufe des Programms zur Verfügung steht, sondern auch die Speicherung der verschiedenen Programmversionen und die Ergänzung der gespeicherten Daten bewältigen soll. Darüber hinaus muß noch Kapazität zur Textverarbeitung verfügbar sein, denn der Chefprogrammierer schreibt schließlich auch die Dokumentation. Der Chefarzt braucht viel Begabung, zehn Jahre an Erfahrung und beträchtliches Wissen über Computersysteme. Er sollte zudem praxisbezogen ausgebildet sein, ob nun in angewandter Mathematik, als Wirtschaftsmanager oder wo auch immer.

Der Kopilot. Er ist das alter ego des Chefarztes, kann alle Arbeiten auch selber erledigen, ist aber nicht so erfahren. Er diskutiert, bewertet, und er denkt über den Fortgang des Projektes nach. Der Chefarzt stellt ihm seine Ideen zur Diskussion, ist aber nicht an seinen Rat gebunden. Oft vertritt der Kopilot sein Team, wenn es darum geht, mit anderen die Einbindung der Teamarbeit in das Gesamtsystem zu besprechen. Er kennt das ganze Programm genauestens und ist mit der Erforschung möglicher Alternativen zur schon geleisteten Arbeit befaßt. Offensichtlich ist er eine Art Rückversicherung seines Chefarztes gegen ein immerhin denkbares Fiasko. Er kann sogar selber an dem Programm schreiben, ist aber nicht für dessen Gestalt verantwortlich.

Der Verwalter. Der Chefarzt ist der Boss. Sein Wort gilt, wenn es um Personalfragen, Neueinstellungen, Raumnutzung und so weiter geht, aber er verschwendet so gut wie keine Zeit auf solche "Nebensächlichkeiten". Also braucht er einen Verwalter, der mit Geld, Menschen, Raumfragen und Computern umgehen kann und die Verbindung zum Rest der Firmenmaschinerie aufrechterhält. Baker schlägt vor, daß der Verwalter nur dann seine ganze Zeit auf ein Team verwenden soll, wenn es schwerwiegende rechtliche, vertragliche, finanzielle und informationstechnische Notwendigkeiten erfordern und die jeweilige Kundschaft es so verlangt. Ansonsten kann der Verwalter auch für zwei Teams arbeiten.

Der Redakteur. Der Chefarzt ist auch für die Dokumentation zuständig - im Interesse einer guten Verständlichkeit muß er sie sogar schreiben. Das trifft auf die Beschreibung der Benutzeroberfläche ebenso wie auf die der Implementierung zu. Der Redakteur setzt mit seiner Tätigkeit bei dem Entwurf der Dokumentation an, den der Chefarzt verfaßt hat. Er kritisiert diesen Entwurf, überarbeitet ihn, fügt Anmerkungen und bibliographische Hinweise ein. Er betreut die Dokumentation über die einzelnen Versionen hinweg bis zum Tag ihrer Drucklegung.

Zwei Sekretärinnen. Verwalter und Redakteur werden jeweils eine Sekretärin brauchen, wobei die des Verwalters die gesamte Korrespondenz des Projekts und alle Akten bearbeitet, die nichts mit dem Produkt selber zu tun haben.

Der Gehilfe. Er ist verantwortlich für die Produktbibliothek, in der alle technischen Aufzeichnungen des Teams aufbewahrt werden. Der Gehilfe ist in allen Büroarbeiten ausgebildet und muß sowohl Programmdateien als auch normale Akten anlegen können.

Alle Computereingaben gehen über seinen Tisch, wo er sie in das Logbuch einträgt und gegebenenfalls auch in den Computer eingibt. Die anfallenden Listings muß er schließlich katalogisieren und mit einem Index versehen. Der jeweils letzte Probelauf wird in einem Statusbuch festgehalten, die vorhergehenden in einem chronologischen Archiv.

Zur Verwirklichung von Mills Konzept ist es unerläßlich, die Kunst des Programmierens vom Geruch des Geheimnisvollen, der Hinterzimmermagie, zu befreien. *Alle* Probeläufe müssen vorgeführt und verstanden werden, damit das ganze Team das Programm als gemeinsame Errungenschaft ansieht und nicht als etwas Fremdes, Unverständliches.

Die besondere Funktion des Gehilfen erlöst die Programmierer von lästigen Pflichten, sichert dadurch die Erledigung eben dieser lästigen Aufgaben und hilft den wertvollsten Besitz des Teams zu verbessern - das Arbeitsprodukt. Offensichtlich setzt diese Vorgehensweise eine sequentielle Ausführung der Durchläufe voraus ("Batch Runs"). Sollten aber interaktive Terminals verwendet werden, insbesondere solche ohne Hardcopy-Ausgaben, wird der Gehilfe nicht etwa überflüssig - er hat nur andere Aufgaben zu erledigen. Er überträgt die Aktualisierungen der privaten Arbeitskopien in die Programmkopien des Teams und bearbeitet nach wie vor alle "Batch Runs". Seine eigenen interaktiven Einrichtungen nutzt er zur Kontrolle der Integrität und Verfügbarkeit des heranreifenden Produkts.

Der Werkzeugmeister. Eigentlich braucht ein Team zur Instandsetzung und Bedienung der Computer keine eigene Mannschaft, denn für Datenaufbereitung, Textverarbeitung und Fehlerbereinigung stehen im Unternehmen genügend zentrale Dienste zur Verfügung. Die aber müssen jederzeit zuverlässig zur Stelle sein, wenn sie benötigt werden, und der Chefarzt muß immer darüber informiert sein, ob und in welchem Ausmaß sie erforderlich sind. Er braucht einen Werkzeugmeister, der ihm sagen kann, wann und ob Hilfe nötig ist. Der Werkzeugmeister muß zudem Werkzeuge entwickeln, instandhalten und verbessern, die nur sein Team in Gebrauch hat. Jedes Team muß einen eigenen Werkzeugmeister haben, egal, wie gut und zuverlässig die zentralen Hilfsdienste auch sein mögen. Denn seine Aufgabe ist es, die Werkzeuge seines Chefs in Ordnung zu halten, ungeachtet der Bedürfnisse anderer Teams. Als Werkzeugmacher wird er häufig spezielle Prozeduren sowie Funktions- und Makrobibliotheken erstellen.

Der Prüfer. Der Chefarzt benötigt eine ganze Anzahl von Prüfroutinen, um die einzelnen Teile seiner Arbeit während des Schreibens und schließlich das gesamte System testen zu können. Der Prüfer muß also zuerst einmal ein Widersacher sein, der sich immer wieder neue hinterhältige Prüfroutinen ausdenkt. Dann ist er aber auch der Assistent, der Prüfdaten für die tagtägliche Fehlerbereinigung ersinnt. Er müßte auch ganze Testreihen planen und das Gerüst für die Überprüfung der Komponenten errichten.

Das Sprachgenie. Zu der Zeit, als sich ALGOL langsam verbreitete, merkte man, daß sich an fast allen großen Computeranlagen ein oder zwei seltsame Menschen besonders an der Beherrschung der verschlungenen Wege einer Programmiersprache delektieren konnten. Diese Experten erwiesen sich schnell als sehr nützlich und gefragt. Ihre Begabungen unterscheiden sich wesentlich von denen des Chefarztes, der ja ein System konstruieren und folglich ein Ganzes im Auge behalten muß. Das Sprachgenie kann elegante und effiziente Möglichkeiten finden, die Computersprache so zu manipulieren, daß sie schwierige, obskure oder eigentlich unmögliche Dinge vollführt. Häufig wird er, über zwei oder drei Tage, Studien über eine bessere Programmiertechnik anfertigen. Ein Sprachgenie kann durchaus für zwei oder drei Chefärzte arbeiten.

So also könnten 10 Leute mit wohl voneinander unterschiedenen und spezialisierten Tätigkeitsbereichen nach dem Modell eines Ärzteteams ein Programmierteam bilden.

Wie sieht es in der Praxis aus?

Ein Team, wie es gerade beschrieben wurde, entspricht in vielfacher Hinsicht unseren Forderungen. Zehn Personen sind daran beteiligt, davon sieben richtige "Computermenschen". Trotzdem entspringt das System nur einem Hirn, oder zweien, wenn man so will, die aber *uno animo* handeln und denken.

Besonders bemerkenswert sind die Unterschiede zwischen herkömmlich organisierten Zweierteams und dem Chefarzt/Kopiloten-Team. Die beiden Partner im konventionellen Team teilen die Arbeit untereinander auf, wobei der eine selten weiß, was der andere gerade macht. Im Ärzteteam kennen sowohl der Chefarzt als auch sein Kopilot die gesamte Entwicklung und das ganze Programm. Das erspart den Ärger um Platz, Speicherzugriffe etc. Es sichert auch die Wahrung eines geschlossenes Konzeptes der Arbeit.

Zudem sind die Partner in einem herkömmlichen Team einander gleichgestellt und müssen unausweichlich Meinungsverschiedenheiten ausfechten, manchmal sogar Kompromisse schließen. Weil sie Arbeit und Ressourcen brüderlich teilen, beschränken sich diese Meinungsverschiedenheiten naturgemäß auf die allgemeine Vorgehensweise und die Verbindung ihrer Ergebnisse. Durch ihre gegenläufigen Interessen - wessen Speicheranteil beispielsweise zwischenzeitlich als Datenpuffer benutzt wird - verschlimmert sich die Situation. Im Ärzteteam gibt es keine unterschiedlichen Interessen, Meinungsverschiedenheiten macht der Chefarzt mit sich alleine aus. Diese zwei Unterschiede - die fehlende Aufgliederung der Arbeit und die Stellung des Chefarztes seinem zweiten Mann gegenüber - ermöglichen es dem Ärzteteam, *uno animo* zu denken und zu handeln.

Und doch liegt gerade im Rest des Teams mit seiner Spezialisierung der Schlüssel zu Erfolg, denn sein Aufbau erlaubt eine wesentlich einfachere Kommunikationsstruktur (Bild 3.1). Baker berichtet in seinem Aufsatz[3] von einem Kleinversuch mit diesem Teamkonzept. Es funktionierte wie erwartet, mit phänomenalem Erfolg.

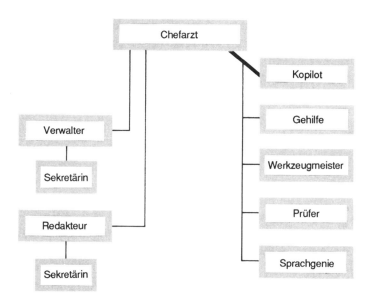

Bild 3.1 - Kommunkationswege in einem Zehn-Mann-Team

Die Erweiterung

So weit, so gut. Aber heutzutage besteht das Problem ja gerade darin, daß Projekte von 5000 Mannjahren bewältigt werden müssen, und nicht nur solche mit 20 oder 30. Ein Team von 10 Leuten kann immer effektiv arbeiten, egal wie es strukturiert ist, wenn es nur die ganze Aufgabe unter sich hat. Aber wie kann man das Ärztekonzept auf große Projekte übertragen, an denen einige hundert Menschen beteiligt sind?

Der Erfolg eines solchen Ausweitungsprozesses hängt wesentlich von der größtmöglichen Bewahrung der konzeptuellen Einheit eines jeden Teilgebietes ab. Wie wir gesehen haben, wird das erreicht, indem man die Zahl der Entscheidungsträger durch sieben dividiert. So muß man nur 20 Köpfe koordinieren, obwohl 200 sich mit der Aufgabe befassen. Diese Koordination wirft natürlich wieder Probleme auf, mit denen ich mich in weiteren Kapiteln beschäftigen werde. Hier soll genügen, daß selbstverständlich auch die Einheit des gesamten Produktes bewahrt werden muß. Dazu braucht man einen Systemarchitekten, der die ganze Entwicklung von oben nach unten in der Hand hat. Die Bewältigung einer solchen Aufgabe setzt zwingend voraus, daß Architektur und Implementierung streng voneinander getrennt werden. Der Systemarchitekt hat sich in diesem Modell allein auf die Architektur zu beschränken. Eine derartige Rollenverteilung und die damit verbundene Methodik haben sich als machbar und sehr produktiv erwiesen.

4
Aristokratie, Demokratie und Systementwicklung

4
Aristokratie, Demokratie und Systementwicklung

Diese großartige Kirche ist ein unvergleichliches Kunstwerk. In den Glaubenssätzen, für die sie steht, finden sich weder Freudlosigkeit noch Konfusion...
Sie bildet den Zenit einer Stilrichtung, ist das Werk von Künstlern, die die Erfolge ihrer Vorgänger gänzlich verstanden und verarbeitet haben, und das unter vollkommener Anwendung der Technik ihrer Zeit, ohne sie zu überflüssiger und eitler Selbstdarstellung zu nutzen.
Das Konzept des Gebäudes haben wir unzweifelhaft Jean d'Orbais zu verdanken, ein Konzept, das zumindest in den essentiellen Elementen auch von seinen Nachfolgern respektiert wurde. Dies ist einer der Gründe für die unglaubliche Geschlossenheit des Bauwerks.

Führer der Kathedrale zu Reims

Fotografie von Emmanuel Boudot-Lamotte

Die Geschlossenheit des Konzeptes

Die meisten europäischen Kathedralen versammeln in einem einzigen Gebäude die unterschiedlichsten Stilmerkmale, zurückzuführen auf den Einfluß der vielen Baumeister, die über Generationen das Bild der Bauwerke prägten. Jeder von ihnen war versucht, den ursprünglichen Stil zu "verbessern", um sowohl modischen Veränderungen als auch seinem persönlichen Geschmack Ausdruck zu geben. Friedvolle Bögen normannischen Stils überspannen und kontrastieren Wildheit gotischer Prägung... Das Ergebnis kündet nicht nur von der Herrlichkeit Gottes, sondern ebenso vom Stolz der Baumeister.

Gegen diese Bauwerke steht als strahlendes Vorbild die Kathedrale von Reims. Sowohl ihre Geschlossenheit als auch jedes einzelne ihrer Merkmale wühlen den Betrachter in seinem Innersten auf. Wie man im Kirchenführer nachlesen kann, wurde diese Geschlossenheit erst durch die vollständige Selbstverleugnung acht aufeinanderfolgender Generationen von Baumeistern möglich. Jeder von ihnen mußte einige seiner Ideen zum Wohl eines reinen Ganzen opfern. Das Ergebnis ihres Opfermutes kündet nicht nur von der Herrlichkeit Gottes, sondern auch von seiner Gnade, in der er die Menschen von falschem Stolz erlöst.

Obwohl es nicht Jahrhunderte dauert, um sie zu bauen, ist es um die Einheit von Programmiersystemen eher noch schlimmer bestellt als um die der meisten Kathedralen. Das liegt gewöhnlich weniger daran, daß die jeweiligen Projektleiter dauernd gefeuert werden, als vielmehr an der Aufgliederung der Entwicklung in unzählige Teilaufgaben, die nur von unzähligen Arbeitskräften bearbeitet werden können.

Ich behaupte, daß die Geschlossenheit des Konzeptes *der* grundlegende Gedanke der Systementwicklung ist. Was nutzen die besten Ideen, wenn sie im System nur unabhängig und ohne jeden Zusammenhang enthalten sind? Da ist ein Produkt ohne hervorstechende Eigenschaften und Verbesserungen vorzuziehen, wenn es dafür über ein durchgehendes Konzept verfügt. Dieses Thema und seine Konsequenzen sollen in diesem und den nächsten zwei Kapiteln behandelt werden:

- Wie erreicht man die Geschlossenheit des Konzeptes?

- Bedingt dieses System nicht eine Elite oder Aristokratie von Architekten auf der einen und eine Horde von plebejischen Gefolgsleuten auf der anderen Seite, deren kreative Talente und Ideen unterdrückt werden?

- Wie hindert man die Architekten daran, mit unrealisierbaren und kostspieligen Entwicklungen ins Blaue hinein zu arbeiten?

- Wodurch wird sichergestellt, daß jede noch so geringfügige Anweisung des Architekten tatsächlich zu den Gefolgsleuten durchkommt, verstanden und dann auch noch richtig in das Produkt eingebaut wird?

Der Weg zum geschlossenen Konzept

Sinn und Zweck eines Programmiersystems ist es, Computer möglichst einfach bedienbar zu machen. Um dies zu erreichen, stellt es Sprachen und andere Hilfsmittel zur Verfügung, die selber wiederum durch Sprachen erzeugte und kontrollierte Programme sind. Solche Hilfsmittel haben ihren Preis: Die externe Beschreibung eines Programmiersystems ist zehn- bis zwanzigmal länger, als die externe Beschreibung des Computersystems selbst. Der Benutzer hat es recht leicht, irgendeine beliebige Funktion zu benutzen, aber deren gibt es viele mit unzähligen Wahlmöglichkeiten und Befehlen, die er alle lernen muß.

Die Benutzung wird nur dann erleichtert, wenn die Zeit, die man bei der Bedienung des Computers gewinnt, durch das Erlernen, Erinnern und Suchen in der Bedienungsanleitung nicht wieder verliert. Bei den heutigen Programmiersystemen überwiegt der Gewinn noch den Verlust. Aber der Zeitvorteil scheint in den letzten Jahren wegen der gewachsenen Komplexität der Systeme immer geringer geworden zu sein. Beim Gedanken an die einfache Bedienbarkeit des IBM 650 gerate ich heute noch ins Schwärmen. Das ging alles noch ohne Assembler oder irgendwelche andere Software. Weil die einfache Bedienung das höchste Ziel ist, ist das Verhältnis von Funktion und Komplexität des Produktes der härteste Prüfstein der Systementwicklung. Weder seine Funktion an sich noch allein seine Einfachheit machen ein wirklich gutes Produkt aus.

Hier gilt es, einige Mißverständnisse auszuräumen. Das OS/360 wird von seinen Schöpfern über den grünen Klee gelobt, weil es unbestreitbar über die meisten Funktionen verfügt. Vielseitigkeit, und nicht Einfachheit, war immer der Qualitätsmaßstab seiner Konstrukteure. Auf der anderen Seite wird das "Time-Sharing System" für die PDP-10 von seinen Vätern als das beste gepriesen, eben weil es so einfach ist und auf einem knappen Konzept basiert. Welchen Maßstab man aber auch immer anlegt, was die Funktionen angeht, kann es dem OS/360 nicht einmal annähernd das Wasser reichen. Nimmt man aber die Einfachheit des Produkts als Kriterium, stehen beide als unausgewogen da. Beide sind auf dem Weg zum wahren Ziel bei der Hälfte der Strecke liegengeblieben.

Grundsätzlich ist jedoch das System das beste, dessen Funktionen der Benutzer einfach auffinden und bedienen kann. Aber dazu gehört eben auch eine übersichtliche Struktur des Produktes. *Einfachheit* allein ist nicht genug. Mooers Sprache TRAC und Algol 68 sind einfach wegen ihrer klaren elementaren Konzepte - gut strukturiert sind sie nicht. Viele Operationen bedingen oft eine unerwartete Verquickung der eigentlichen Möglichkeiten des Systems. Es reicht nicht aus, die einzelnen Elemente und Regeln der Verbindungen zu kennen; man muß auch ihren idiomatischen Gebrauch erlernen, denn der macht in der Praxis einen großen Teil der Kombinationen aus. Einfachheit und gute Struktur sind immer das Ergebnis eines geschlossenen Konzeptes.

Jeder Teil des Ganzen muß auf der gleichen Philosophie und auf gleichmäßig ausgewogenen Prinzipien beruhen. Jeder Teil muß sogar die gleiche Syntax und die gleichen semantischen Bedeutungen benutzen. Die einfache Bedienung eines Systems setzt die Einheit der gesamten Entwicklung voraus, also ein geschlossenes Konzept.

Aristokratie und Demokratie

Die Geschlossenheit des Konzeptes wiederum setzt natürlich voraus, daß die Entwicklung das Produkt nur eines Kopfes ist - oder doch zumindest nur einer überschaubaren Gruppe übereinstimmender und ähnlich denkender Personen.

Der Zeitdruck jedoch, unter dem jede Entwicklung steht, hat zur Folge, daß möglichst viele Arbeitskräfte daran beteiligt werden müssen. Zur Auflösung dieses Dilemmas stehen zwei Methoden zur Wahl. Die erste besteht in der strikten Trennung von Architektur und Implementierung. Die zweite wurde im vorhergehenden Kapitel vorgestellt - die Organisation der Programmierer nach dem Modell eines Ärzteteams.

Gerade bei großen Projekten hat sich die Trennung von Architektur und Implementierung als segensreich für die Einheit des Produkts erwiesen. Ich selber habe miterlebt, wie sie mit großem Erfolg bei dem IBM "Stretch Computer" und der System/360-Produktlinie konsequent durchgeführt wurde. Beim OS/360 konnte es nur deshalb nicht klappen, weil wir die Methode gar nicht angewendet haben.

Mit *Architektur* meine ich die komplette und detaillierte Beschreibung der Benutzeroberfläche. Was für einen Computer beispielsweise das Bedienungshandbuch ist, ist für einen Compiler das Handbuch der Sprachdefinition. Für ein Kontrollprogramm braucht man die Handbücher der Sprache(n), die zum Abruf seiner Funktionen nötig ist. Für das ganze System schließlich wäre es die Masse aller Handbücher, die der Benutzer braucht, um es zum Laufen zu bringen.

Der Architekt eines Systems ist, wie der Architekt eines Hauses, der Anwalt des Benutzers. Seine Aufgabe ist es, sein berufliches und technisches Wissen im Interesse des unbeleckten Kunden einzusetzen, das oft den Vorstellungen des Herstellers, seiner Verkäufer und anderer entgegensteht.[2]

Architektur und Implementierung muß man also sorgfältig voneinander unterscheiden. Wie Blaauw schon sagte, "Wo die Architektur sagt, *was* passiert, sagt die Implementierung, *wie* es passiert."[3] Sein Beispiel dazu ist eine Uhr mit ihrem Gehäuse, den Zeigern und dem Aufziehknopf. Das ist die Architektur der Uhr. Wenn ein Kind alles über sie gelernt hat, kann es die Zeit von einer Armbanduhr genauso gut ablesen wie von einer Kirchturmuhr. Die Implementierung und ihre Realisierung dagegen beschreiben die Vorgänge im Inneren des Gehäuses - sowohl die unterschiedlichen Antriebsmechanismen als auch die verschiedenen Arten einer Kontrolle der Ganggenauigkeit.

Das System 360 beispielsweise ist mit derselben Architektur in ungefähr neun verschiedenen Modellen implementiert worden. Anders herum geht es natürlich auch. So findet sich mit dem "Model 30 Data Flow" eine einzige Implementierung in vier verschiedenen Architekturen: einem System/360 Computer, einem Multiplexkanal mit bis zu 224 logisch unabhängigen Subkanälen, einem Selektorkanal und einem 1401-Computer.[4]

Die Abgrenzung von Architektur und Implementierung gilt natürlich auch für Programmiersysteme. Nehmen wir den U.S.-Standard Fortran IV, eine Architektur für viele Compiler. Innerhalb dieser Architektur sind jede Menge unterschiedlichster Implementierungen möglich: systemresidenter Quelltext oder systemresidenter Compiler, schnelle oder optimierende Compilierung, Steuerung über die Syntax oder *ad hoc*... In ähnlicher Weise läßt die Architektur einer Assemblersprache oder einer Metasprache zur Job-Kontrolle die verschiedensten Implementationsformen zu.

Jetzt können wir uns mit der emotional stark befrachteten Frage von Aristokratie versus Demokratie befassen. Sind die Architekten nicht eine neue Aristokratie, eine intellektuelle Elite, die nun den armen dummen Leuten von der Implementierungsabteilung sagt, was sie tun sollen? Rafft nicht diese Elite alle kreative Tätigkeit an sich und macht aus ihren Opfern unwichtige Rädchen im Getriebe der Programmierkunst? Würde denn das Produkt nicht besser, wenn man die Ideen aller Beteiligten sammeln würde? Sollte man vielleicht dem demokratischen Gedanken folgend die Entwicklung des Produktes nicht nur in die Hände einiger Weniger legen?

Die letzte Frage ist auch die leichteste. Ich will bestimmt nicht behaupten, daß nur die Architekten gute Ideen für die Anlage der Architektur haben. Oft kommt ein guter Gedanke gerade von den Leuten, die mit der Implementierung befaßt sind, oder auch von einem Benutzer. Trotzdem zeigt mir meine Erfahrung, und das habe ich versucht zu belegen, daß die Geschlossenheit des Konzeptes die Grundvoraussetzung für die einfache Bedienung des Produktes ist. Gute Ideen und Verbesserungen, die nicht in das Grundkonzept passen, sollten *nur aus diesem Grund* sofort verworfen werden. Wenn dann aber wirklich einmal viele solcher inkompatiblen Ideen auftauchen, dann ist ein großer Schnitt und ein Neubeginn mit einem überarbeitetem Konzept fällig.

Was die Bedenken gegen eine neue Aristokratie angeht, kann man dafür sein oder dagegen. Dafür, weil es nur wenige Architekten geben darf, weil ihre Produkte länger halten müssen als die Implementierungen, und weil der Architekt Kräften ausgesetzt ist, die er im Interesse des Benutzers umleiten muß. Wenn ein System auf einem geschlossenen Konzept beruhen soll, darf nur eine Person die Schalthebel in der Hand halten. Das wäre eine Aristokratie, die keiner Entschuldigung bedarf.

Dagegen kann man sein, weil die Festlegung externer Spezifikationen keine kreativere Tätigkeit ist als die Entwicklung von Implementierungen. Es ist lediglich eine andere Art kreativer Arbeit. Die Entwicklung einer Implementierung, hat man erst einmal eine Architektur, fordert das gleiche Maß an Kreativität wie das Erdenken neuer Dinge, und das gleiche Maß an technischem Können wie die Festlegung der äußeren Merkmale. Tatsächlich hängt das Kosten/Nutzenverhältnis des Produktes wesentlich von der Implementierung ab, ebenso, wie die Benutzerfreundlichkeit wesentlich vom Architekten abhängt.

Es gibt viele Beispiele aus anderen Richtungen von Kunst und Handwerk, die zeigen, daß Disziplin in der Kunst so schlecht nicht sein kann. Schließlich kennen wir ja den Aphorismus eines Künstlers, der da sagte, "Form befreit.". Die schlechtesten Gebäude sind die, für die mehr Geld zur Verfügung stand als eigentlich benötigt wurde. Bachs kreative Leistung wird wohl kaum dadurch geschmälert, daß er gezwungen war, wöchentlich eine formgebundene Kantate zu komponieren. Ich bin sicher, daß der Stretch-Computer besser geworden wäre, hätte er nur strikteren Beschränkungen unterlegen; die finanziellen Einschränkungen beim Budget des System 360 Modell 30 waren meiner Meinung nach nur segensreich für die Architektur des Modells 75.

Gleichzeitig beobachte ich, daß die Implementierer wesentlich kreativer (und nicht etwa verkrampft) arbeiten, wenn die Architektur gleichsam von außen an sie herangetragen wird. Sie stürzen sich sofort auf das eigentliche Problem, obwohl es noch gar nicht genannt worden ist, und die Einfälle beginnen nur so zu sprudeln.

In einer Gruppe von Implementierern ohne jede Beschränkung wird dagegen die meiste Kraft auf Fragen der Architektur verschwendet, während die eigentliche Implementierung nur nebenbei abgefertigt wird.[5]

Diesen Effekt habe ich häufig angetroffen. R. W. Conway, dessen Gruppe den PL/C Compiler für die Sprache PL/I geschrieben hat, kann dies nur bestätigen: "Letztendlich beschlossen wir, die Sprache unverändert und ohne Verbesserungen zu implementieren, da die Debatten darüber unsere Arbeit zu gefährden drohten.[6]

Was macht der Implementierer, während er wartet?

Ein Multimillionen-Dollar-Fehler ist eine sehr demütigende Erfahrung, aber auch eine, die man so schnell nicht wieder vergißt. Ich kann mich noch sehr gut an die Nacht erinnern, in der wir unseren Beschluß darüber faßten, wie nun die externen Spezifikationen für das OS/360 geschrieben werden sollten. Der Manager für Architektur, der für die Implementierung des Kontrollprogramms und ich, wir wühlten uns durch die Pläne, den zeitlichen Ablauf und die Aufteilung der Verantwortungsbereiche.

Der Architekturmanager hatte 10 gute Leute anzubieten. Er versicherte, sie könnten die Richtlinien in 10 Monaten erstellen, drei mehr, als der Zeitplan vorsah.

Der Manager des Kontrollprogramms hatte 150 Leute zur Verfügung. Er versicherte, seine Leute könnten die Richtlinie ebensogut schreiben, mit dem Architekturteam als Koordinatoren. Vor allem aber könne er im Zeitplan bleiben und sein Team müßte nicht zehn Monate lang Däumchen drehen. Dazu meinte der Architekturmanager, daß, wenn ich dieser Möglichkeit den Vorzug gäbe, das Ergebnis nicht wirklich früher zu erwarten sei, sondern ebenfalls drei Monate zu spät. Außerdem rechnete er mit einer wesentlich schlechteren Qualität des Produktes. Und so kam es dann auch - er hat in beiden Punkten recht behalten. Zudem waren die Kosten für Bau und Modifikation des Systems wegen des Fehlens eines geschlossenen Konzeptes unverhältnismäßig hoch, und die Fehlersuche dauerte schätzungsweise ein Jahr zu lang.

Es haben natürlich viele Faktoren in unsere Fehlentscheidung hineingespielt. Aber die wichtigsten waren doch der Zeitdruck und der Reiz, die ganzen 150 Mann an die Arbeit stellen, oder besser gesagt, setzen zu können. Die tödlichen Klippen, an denen man unweigerlich zerschellt, folgt man erst einmal diesem Sirenengesang, möchte ich jetzt sichtbar machen.

Die Implementierer haben gewöhnlich drei Einwände gegen den Vorschlag, die gesamten Richtlinien für einen Computer oder ein Programmiersystem von einem kleinen Architektenteam schreiben zu lassen:

- Die Spezifikationen werden zu viele Funktionen haben und praktische Kostenüberlegungen nicht berücksichtigen.

- Der Architekt hat den ganzen Spaß der Kreativität, während der Einfallsreichtum der Implementierer ausgegrenzt wird.

- Alle Implementierer werden faul herumsitzen müssen, während die Richtlinien durch den engen Trichter tröpfeln, der das Architekturteam nun einmal ist.

Nummer eins ist wirklich gefährlich und wird deshalb im nächsten Kapitel gesondert behandelt. Die anderen beiden sind reine Einbildung, ganz einfach. Auch der Rahmen einer gegebenen externen Richtlinie verringert ja nicht die Möglichkeit des Implementierers zur kreativen Tätigkeit. Der Grad der Kreativität mag durch diese Disziplinierung sogar noch verbessert werden. Das gesamte Produkt wird es auf jeden Fall sein. Der letzte Einwand betrifft Zeitplanung und Durchführung des Projektes. Hier macht man es eben wie im Baugewerbe und heuert so lange keine Bauarbeiter an (in unserem Fall Implementierer), bis die Richtlinien fertig sind.

Im Computergeschäft wird allerdings in wesentlich kürzeren Intervallen gedacht, was zu einer immer stärkeren Straffung der Zeitpläne führt. Also stellt sich die Frage, inwieweit Architektur und Implementierung einander überlappen dürfen.

Blaauw führt dazu aus, daß die kreative Tätigkeit in drei wohl unterschiedene Phasen zerfällt: in Architektur, Implementierung und Realisierung. Dabei hat es sich in letzter Zeit herausgestellt, daß diese Phasen gleichzeitig begonnen und nebeneinander fortgeführt werden können.

Der Implementierer kann bei einer Computerentwicklung bereits dann ansetzen, wenn er erste und vage Vorstellungen vom späteren Handbuch hat. Nachdem er noch einige Details über die verwendete Technologie, den Kosten- und Zielrahmen des Projektes erfährt, kann er bereits beginnen, am Datenfluß, den Kontrollsequenzen, der Grobstruktur und anderen Dingen zu arbeiten. Er erdenkt oder besorgt sich die benötigten Werkzeuge, besonders das Ablagesystem einschließlich eventueller computergestützter Konstruktionshilfen (heutzutage würde man das wohl unter dem Oberbegriff CAD zusammenfassen. A.d.Ü.). Derweil werden auf der Realisationsebene Schaltungen, Karten, Kabel, Gehäuse, Netzteile und Speicher entwickelt, verbessert und dokumentiert. Dies geschieht parallel zu Architektur und Implementierung. Das trifft natürlich alles auch auf die Entwicklung eines Programmiersystems zu. Auch hier hat der Implementierer schon alle Hände voll zu tun, bevor die Spezifikation fertiggestellt ist. Allein ausgestattet mit ein paar Informationen über die Funktion des Systems, das später einmal näher spezifiziert wird, kann er beginnen. Allerdings muß er bereits genau festgelegte Angaben über dem ihm zugestandenen Speicherplatz und seine maximale Rechenzeit erhalten uns darüber hinaus selbstverständlich auch die Gerätekonfiguration kennen, auf der das System einmal laufen soll. Dann kann er sich daran machen, Modulgrenzen, Tabellenstrukturen, Algorithmen zu erstellen, Programm- und Entwicklungsabschnitte zu definieren usw. Ein wenig Zeit wird er auch der Kommunikation mit dem Architekten widmen müssen.

Auf der Realisationsebene ist zur gleichen Zeit natürlich ebensoviel zu tun, denn auch das Programmieren hat seine eigene Technologie. Sollte zum Beispiel die Maschine neu sei, müssen Konventionen für Subroutinen, Überwachungsprogramme sowie Such- und Sortieralgorithmen geschrieben werden.[7]

Die Geschlossenheit eines Konzepts setzt voraus, daß das System nur einer einzigen Philosophie folgt. Im Interesse des Benutzers darf auch die Spezifizierung nur das Produkt weniger Köpfe sein. Aber wegen der wirklichen Gliederung der Arbeit in Architektur, Implementierung und Realisierung heißt das nicht etwa, daß ein nach diesen Prinzipien gebautes System mehr Bauzeit in Anspruch nimmt. Denn die Erfahrung beweist eher das Gegenteil. Das integrale System läßt sich leichter zusammenbauen und ist wesentlich einfacher zu überprüfen.

Als Ergebnis ist mittlerweile die weitverbreitete horizontale Arbeitsteilung vielerorten durch eine vertikale Arbeitsteilung ersetzt worden. Radikal vereinfachte Kommunikation und eine stark verbesserte Geschlossenheit der Konzepte sind die Folge.

5
Das zweite System

5
Das zweite System

Adde parvum parvo magnus acervus erit.
(Füge eine Kleinigkeit zur anderen, und das Ergebnis wird ein großer
Haufen sein)

Ovid

Leuchtturm für den Luftverkehr. Lithografie, Paris 1882
Bettman-Archiv

Welchen Einschränkungen unterliegt nun der Architekt in seinem Tatendrang, wenn die Verantwortung für die funktionale Spezifikation von der für den Bau eines schnellen und billigen Produkts getrennt wird? Die Antwort auf diese Frage liegt in einer gründlichen, sorgfältigen und freundlichen Kommunikation zwischen Architekt und Baumeister.

Der Architekt zwischen den Stühlen

Der Architekt eines Gebäudes arbeitet im Rahmen eines Budgets, muß Kostenschätzungen vornehmen, die dann durch die Kostenvoranschläge der Bauunternehmer bestätigt oder auch korrigiert werden. Der Architekt muß dann seine Schätzungen und das geplante Produkt unter Beachtung dieser Vorschläge noch einmal überdenken. Danach kann er seinen Vertragspartnern vielleicht Ratschläge geben, wie sein Gebäude doch billiger gebaut werden könnte, als es ursprünglich für möglich gehalten wurde.

Genau denselben Prozeß muß auch der Architekt eines Computers oder eines Programmiersystems durchlaufen. Allerdings kann er die Vorschläge seines "Bauunternehmers" in der Regel schon sehr früh einholen, eigentlich immer dann, wenn er sie braucht. Dieser Vorteil wird aber vielleicht dadurch wieder aufgehoben, daß er es nur mit einem Bauunternehmer zu tun hat, der seinen Kostenvoranschlag oft danach ausrichtet, wie gut ihm die geplante Entwicklung gefällt. In der Praxis kann der Architekt durch einen frühzeitigen und andauernden Meinungsaustausch mit dem Implementierer präzise und zuverlässige Kostenrahmen festlegen. Der Implementierer wiederum gewinnt auf diese Art bereits früh Vertrauen in das zu erstellende Produkt. Die Trennung der Verantwortungsbereiche wird dadurch keinesfalls verwischt.

Der Architekt hat nur zwei Möglichkeiten, wenn seine Schätzungen sich als zu niedrig erweisen - entweder macht er Abstriche bei seinem Produkt, oder er hält an seinen Werten fest und verlangt eine billigere Implementierung. Letzteres ist offensichtlich dazu angetan, Emotionen zu wecken, denn der Architekt mischt sich hier in den Tätigkeitsbereich des Implementierers ein, sagt ihm, wie er seinen Job zu erledigen habe. Um dabei erfolgreich sein zu können, muß der Architekt

- immer bedenken, daß der Implementierer die schöpferische Verantwortung für seine Arbeit trägt - der Architekt schlägt also vor, er befiehlt nicht;

- immer eine Möglichkeit zur Implementierung parat haben - er sollte aber auch jeden anderen guten Vorschlag akzeptieren;

- seine Meinung ruhig und besonnen vortragen;

- auf Lob für seine Vorschläge verzichten können.

Der Implementierer wird oft mit Gegenvorschlägen zur Verbesserung der Architektur kontern, und meistens hat er dabei recht. Denn einige unwichtig erscheinende Kleinigkeiten der Architektur können bei der Implementierung hohe Kosten verursachen.

Selbstdisziplin - Das Problem des zweiten Systems

Seine erste Arbeit liefert ein Architekt in den meisten Fällen in kurzer und sauberer Form ab. Weil er weiß, daß er nicht weiß, was er tut, arbeitet er sehr sorgfältig und unter großer Zurückhaltung.

Aber während er diese erste Arbeit entwickelt, fallen ihm immer wieder neue Kleinigkeiten und Schnörkel ein, die er allesamt mit der Absicht zur Seite legt, sie dann beim "nächsten Mal" zu verwenden. Früher oder später wird der Architekt sein erstes Produkt fertiggestellt haben. So kann er sich jetzt mit frischem Mut und dem Beweis seiner Fähigkeiten an die Konstruktion eines zweiten System heranwagen.

Dieses zweite System ist für jeden Architekten das bei weitem gefährlichste. Wenn er erst einmal das dritte oder noch spätere hinter sich hat, werden sich all seine Erfahrungen zu einem soliden Wissensfundus verdichtet haben. Dieser Fundus wird ihm bei der Unterscheidung der speziellen Eigenschaften "seiner" Systeme von den wirklich allgemeingültigen eine große Hilfe sein.

Gewöhnlich wird das zweite System überentwickelt, weil er glaubt, jetzt all die Schnörkel und Ideen verwenden zu müssen, die ursprünglich beiseite gelegt worden waren. Das Ergebnis ist, wie schon Ovid sagte, ein "großer Haufen". Als passendes Beispiel kann hier die Architektur der IBM 709 dienen, die später in die 7090 übernommen wurde. Sie ist die Nachfolgerin der sehr erfolgreichen und einfachen 704, also ein zweites System. Sie bietet eine so überreiche Fülle von Operationen, daß auch erfahrene Benutzer maximal die Hälfte davon nutzen können.

Ein noch prägnanteres Beispiel bieten Architektur, Implementierung und sogar die Realisierung des Stretch-Computers. Er war das Ventil des aufgestauten Erfindungsreichtums vieler Leute und für die meisten von ihnen gleichzeitig das zweite System. Strachey meinte dazu in einer Rezension:

Für mich bildet der Stretch den Endpunkt einer langen Entwicklung. Wie viele der frühen Computer ist er wirklich genial, extrem kompliziert und sehr effektiv. Gleichzeitig ist er aber auch irgendwie primitiv, verschwenderisch und unelegant, so daß man sich des Eindrucks nicht erwehren kann, daß es Wege geben müßte, es besser zu machen.[1]

Das Operating System/360 war für einen Großteil der Beteiligten auch das zweite System. Sie hatten vorher u.a. an dem 1410-Diskettenbetriebssystem, am Betriebssystem "Stretch", dem Project Mercury-Echtzeitsystem oder dem IBSYS für die 7090 gearbeitet.[2] Leider ist das OS/360 deshalb ein Paradebeispiel für die Problematik des zweiten Systems geworden - gewissermaßen der Stretch-Computer der Softwareentwicklung. Auf OS/360 treffen sowohl Strachys Kritikpunkte als auch seine Empfehlungen unverändert zu.

So hält das OS/360 beispielsweise für seinen Kalender 26 Byte für die richtige Behandlung des 31.12. in Schaltjahren (also den 366. Tag) bereit. Das hätte man wirklich dem Operator überlassen können. Die Probleme mit dem zweiten System schlagen sich aber nicht nur in funktionalen Verzierungen des Programms nieder. Man neigt sogar dazu, Techniken noch zu verfeinern, wenn sie durch Veränderungen am Grundkonzept des Produktes eigentlich schon überflüssig wären.

Zum Beispiel der Linker/Editor: Er war entwickelt worden, um getrennt compilierte Programme laden und ihre Kreuzreferenzen auflösen zu können. Zusätzlich übernimmt er auch die Verwaltung der Overlays und verfügt wirklich über einen der besten Overlaymanager, die je gebaut wurden. Er erlaubt die externe Strukturierung des Overlays, und das während des Linkprozesses, ohne daß dies bei der Programmierung berücksichtigt werden müßte. Außerdem kann in diesem System die Overlaystruktur nach jedem Durchlauf ohne neue Compilierung geändert werden. Er bietet eine große Anzahl nützlicher Optionen und Hilfsmittel und ist in gewissem Sinne der Höhepunkt einer jahrelangen Entwicklung in der Technologie statischer Overlays.

Andererseits ist er aber auch der letzte und größte der Dinosaurier, weil er Teil eines Systems ist, dessen grundlegender Gedanke Multiprogrammierung und die dynamische Hauptspeicherverwaltung sind. Dies steht natürlich in direktem Gegensatz zum Gebrauch statischer Overlays. Um wieviel besser wäre das System dann wohl geworden, hätte man die Anstrengungen ganz darauf konzentriert, die dynamische Hauptspeicherverwaltung und die dynamische Bearbeitung der Kreuzreferenzen wirklich schnell zu machen?

Schließlich benötigt der Linker/Editor zuviel Speicherplatz und enthält selber wieder eine Menge Overlays. Deswegen ist er, sogar wenn er ohne Overlay-Management nur für den Linkprozeß benutzt wird, langsamer als die meisten der Systemcompiler. Die Ironie liegt darin, daß der Linker/Editor ja gerade eine neuerliche Compilierung überflüssig machen sollte. Er wurde so lange gemästet, bis sein Konzept einfach veraltet war.

TESTRAN, die Einrichtung zur Fehlersuche, ist ein weiterer Beleg der schon beschriebenen Tendenz. Sie ist der Höhepunkt der sequentiellen Fehlerbereinigung, denn sie verfügt über wirklich elegante Möglichkeiten für Schnappschüsse und den Dump des Hauptspeichers. Sie benutzt das Control-Section-Konzept und eine geniale Generatortechnik, die das selektive Verfolgen von Programmteilen und die Schnappschußtechnik ohne den zusätzlichen Einsatz eines Interpreters oder Compilers ermöglichen. Das phantasievolle Konzept des Share-Betriebssystems der 709 wird hier zu voller Blüte gebracht. Während man aber noch daran arbeitete, erwies sich die sequentielle Fehlerbereinigung bereits als veraltet. Mittlerweile haben sich interaktive Computersysteme, ausgestattet mit Sprachinterpretern und schrittweiser Compilierung durchgesetzt. Aber selbst bei sequentiell arbeitenden Systemen hat das Auftauchen der schnell compilierenden und langsam ausführenden Compiler die Fehlersuche und Schnappschüsse auf der Ebene des Quellcodes zu den bevorzugten Techniken werden lassen. Wieviel besser hätte das System sein können, hätte man statt TESTRAN gleich interaktive und schnell compilierende Komponenten entwickelt!

Noch ein anderes Beispiel wäre der "Scheduler", der wirklich ausgezeichnete Möglichkeiten zur Behandlung fest definierter Abläufe und aufeinanderfolgender Eingaben bietet. Tatsächlich ist diese Komponente ein verfeinertes, verbessertes und verschnörkeltes zweites System zum 1410-7010 Diskettenbetriebssystem. Dies war ein sequentielles System ohne die Eigenschaften eines Multiprogramms, sieht man einmal von seinen Ein- und Ausgabemöglichkeiten ab, und war als Anwendungsprogramm für die Wirtschaft gedacht. Als solcher ist der Scheduler des OS/360 recht gut gelungen. Aber er entspricht nicht im geringsten den Anforderungen des OS/360, das ferngesteuerte Ein- und Ausgaben, Multiprogrammierung und speicherresidente Subsysteme benötigt. Tatsächlich erschwert er die Implementierung dieser Features sogar.

Wie aber kann der Architekt beim zweiten System die angesprochenen Fehler vermeiden? Einfach auslassen kann er es schließlich nicht. Auf jeden Fall kann er sich die speziellen Gefahren dieses Systems bewußt machen und sich einer besonderen Selbstdisziplin unterwerfen. So kann er funktionalen Schnörkeln aus dem Weg gehen und die Ausarbeitung von Funktionen vermeiden, die durch Änderungen des Konzeptes längst überflüssig geworden sind.

Die Wachsamkeit des Architekten kann wesentlich erhöht werden, wenn er jeder noch so kleinen Funktion einen Wert beimißt: Einrichtung x bekommt nicht mehr als m Byte an Speicherplatz und n Mikrosekunden pro Aufruf. Solche Grenzwerte dienen als anfängliche Richtlinien und sollen während der Implementierung Leitfaden und Warnung für alle sein.

Und wie vermeidet der Projektleiter Fehler beim zweiten System? Dadurch, daß er auf einem erfahrenen Architekten besteht, der mindestens zwei Systeme auf dem Buckel hat. Außerdem weiß er ja jetzt um die besonderen Versuchungen und kann sich überall dort einschalten, wo er Philosophie und Ziel der Arbeit gefährdet sieht.

6
Die Wortstaffette

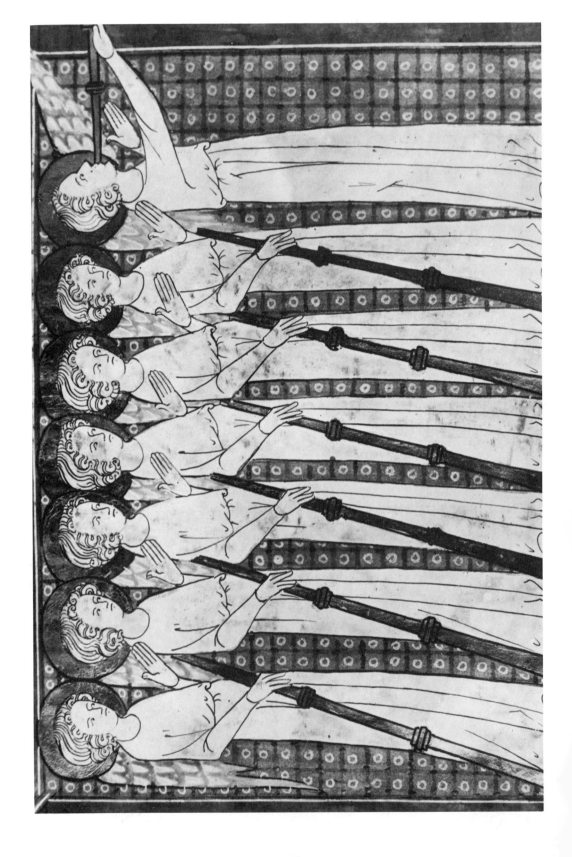

6
Die Wortstaffette

Genau hier wird er sitzen und sagen,"Tut dieses, tut jenes!" Und nichts wird passieren.

Harry S. Truman über die Macht des Präsidenten[1]

"Die sieben Trompeten" aus *The Wells Apocalypse*. 14. Jahrhundert
Bettman-Archiv

Jetzt hat der Manager also disziplinierte, erfahrene Architekten und viele Implementierer zur Verfügung. Aber es stellt sich noch immer die Frage, wie er sicherstellen kann, daß jedermann die Entscheidungen der Architekten auch tatsächlich mitbekommt, versteht und implementiert. Wie kann eine Gruppe von nur 10 Architekten die Geschlossenheit eines Konzeptes bewahren, an dem 1000 oder mehr Personen arbeiten? Gerade diesbezüglich wurden für die Entwicklung der System/360-Hardware ganz neue Verfahren entwickelt, die durchaus auf Softwareprojekte übertragbar sind.

Schriftliche Spezifikationen - Das Handbuch

Das Handbuch, bzw. die schriftliche Spezifikation ist ein unverzichtbares Werkzeug, wenn es auch nicht immer zufriedenstellen kann. Das Handbuch ist die nach außen gerichtete (*externe*) Spezifikation des Produkts. Es beschreibt und definiert alles, was der Benutzer sieht, und ist damit das wichtigste Arbeitsprodukt des Architekten.

Seine Erstellung ist ein endloser Kreislauf, da Rückmeldungen der Benutzer und Implementierer über Fehler der Entwicklung immer wieder neu eingearbeitet werden müssen. Zum Wohl der Implementierer ist es wichtig, die Änderungen in einem vertretbaren Rahmen zu halten - terminierte Versionen sollen schließlich nach Zeitplan fertig werden.

Das Handbuch sollte nicht nur alles beschreiben, was der Benutzer sieht, es soll vor allem keine Informationen über Dinge enthalten, die er nicht sieht. Das ist allein die Angelegenheit des Implementierers, und hier darf sein Bewegungsspielraum auch nicht eingeschränkt werden. Der Architekt seinerseits muß jederzeit in der Lage sein, *eine* Implementierung vorschlagen zu können. Aber: Ein Vorschlag ist kein Befehl!

Der Stil eines Handbuchs muß präzise und ansprechend zugleich sein. Der Benutzer wird sich oft auf eine bestimmte Definition verlassen - alle Definitionen müssen deshalb grundlegende Fakten implizit wiederholen und miteinander vereinbar sein. Das macht die Lektüre der Handbücher meistens recht langweilig, wobei der Lesespaß einfach zugunsten einer größtmöglichen Genauigkeit geopfert werden muß.

Die Geschlossenheit der *Principles of Operation*, dem Handbuch des System/360, entspringt allein der Tatsache, daß sie aus nur zwei Federn stammen: der von Gerry Blaauw und der von Andris Padegs. Die darin festgehaltenen Ideen sind die von mindestens zehn Leuten. Aber der Guß dieser Ideen in die Form eines Prosatextes, die Spezifikation, darf nur von ein oder zwei Personen vorgenommen werden. Andernfalls wäre die Übereinstimmung von Prosa und Produkt kaum noch gewährleistet. Denn die Abfassung einer Definition verlangt nach einer Menge von "Minientscheidungen", die nicht alle von der ganzen Gruppe diskutiert werden können. Beim System/360 könnte man dazu die Details der Festlegung des Statuscodes nach jeder Operation als Beispiel nennen. *Nicht* trivial ist dagegen das Prinzip, nach dem diese Minientscheidungen konsistent und durchgehend getroffen werden müssen.

Das beste Stück Handbuch, das ich je gesehen habe, ist der Anhang zu den *Principles of Operation* des System/360 von Gerry Blaauw. An dieser Stelle beschreibt er mit Sorgfalt und Präzision die Grenzen der Kompatibilität des System/360. Er definiert Kompatibilität

und führt aus, was erreicht werden sollte, zählt die Bestandteile des äußeren Erscheinungs-
bildes auf, in die das System absichtlich nicht eingreift und in denen mögliche Ergebnisse
von Modell zu Modell unterschiedlich sein können; solche, in denen sich zwei Ausgaben
ein und desselben Modells voneinander unterscheiden - und schließlich solche, bei denen
sich sogar ein und dieselbe Maschine nach einer Modifikation anders verhalten kann als
zuvor. Dieses Maß an Präzision sollten alle Handbuchautoren anstreben: nicht nur definieren, was definiert ist, sondern ebenso sorgfältig beschreiben, in welchen Punkten keine all-
gemeingültige Definition gegeben werden kann.

Formale Definitionen

Englisch, wie auch jede andere natürliche Sprache, ist eigentlich kein ausreichend präzises
Instrument für solche Definitionen. Deshalb muß der Autor des Handbuches sich und seine
Sprache auf das Äußerste bemühen, um dem geforderten Grad an Präzision gerecht zu wer-
den. Einen attraktiven Ausweg bietet hier der Gebrauch einer formalen Schreibweise sol-
cher Definitionen. Schließlich geht es ja um Präzision, die *raison d'etre* der formalen
Schreibweise.

Die Vor- und Nachteile formaler Schreibweisen müssen natürlich näher untersucht werden.
Sie sind meistens vollständig; Lücken sind auffällig, also auch leicht zu schließen. Aber es
mangelt ihnen an Verständlichkeit. Mit englischer Prosa kann man strukturelle Prinzipien
aufzeigen, Strukturen stufenweise und in Ebenen skizzieren und Beispiele geben. Sehr
leicht lassen sich auch Ausnahmen oder Gegensätze charakterisieren, aber das Wichtigste
ist, daß man das *Warum* erklären kann. Alle bisher bekannten formalen Definitionen haben
Staunen ob ihrer Eleganz ausgelöst und sich wegen ihrer Präzision viel Respekt verschafft.
Aber allen ist gemeinsam, daß sie in Prosa geschriebene Erläuterungen benötigen, um
überhaupt erlernbar zu sein. Aus diesen Gründen glaube ich, daß zukünftige Spezifikationen etwas von beidem haben werden: sowohl formale Definitionen als auch solche in
Prosa.

Ein altes Sprichwort sagt, "Fahre nie mit zwei Chronometern zur See; nimm einen mit,
oder drei!" Dasselbe gilt augenscheinlich auch für Prosa- und formale Definitionen. Sobald
man beide benutzt, muß eine der Standard, die andere deren Ableitung und als solche aus-
gewiesen sein. Welche tatsächlich nun als Standard festgelegt wird, ist dabei völlig offen.
Algol hat eine formale Definition als Standard und eine in Prosa geschriebene als deren
Derivat. PL/I wiederum hat einen Prosastandard mit einer formalen Definition als Ableitung, ebenso wie das System/360.

Für eine formale Definition stehen vielerlei Hilfsmittel zur Verfügung. So ist z.B. die
Backus-Naur-Form ein gebräuchliches Mittel zur Sprachdefinition und wird ausführlich in
der Literatur behandelt.[2] Die formale Definition von PL/I bedient sich neuer Vorstellungen
von abstrakter Syntax und wird entsprechend beschrieben.[3] Iversons APL schließlich ist
benutzt worden, um Maschinen zu beschreiben, besonders die IBM 7090[4] und das
System/360[5].

Bell und Newell haben neue Notationen zur Beschreibung sowohl von Konfigurationen als auch von Architekturen vorgeschlagen. Dies haben sie an verschiedenen Maschinen illustriert, darunter die DEC PDP-8, die 7090 und das System/360.[6,7]

Bei fast allen formalen Definitionen stellt es sich heraus, daß sie eine Implementierung des Hard- oder Softwaresystems sind, dessen Äußeres sie beschreiben. Die Syntax kann ohne solche Kniffe beschrieben werden. Die Semantik hingegen wird häufig festgelegt durch ein Programm, das eben die definierte Operation ausführt. Als solches ist das Programm kein Abstraktum, sondern eine Implementierung - es "überbeschreibt" sich quasi selbst. Es muß also in jedem Fall klargestellt werden, daß eine semantische Definition nur die Oberflächen von Funktionen beschreibt, und nicht etwa interne Mechanismen.

Aber eine formale Definition ist nicht nur eine Implementierung; eine Implementierung kann anders herum auch als formale Definition fungieren. Genau diese Technik wurde verwendet, als die ersten kompatiblen Computer gebaut wurden. Das neue Gerät sollte einem schon existierenden entsprechen.

Die programmierte Simulation eines Hard- oder Softwaresystems kann demselben Zweck dienen. Sie ist eine Implementierung - sie kann also auch auf einem Computer laufen. Auf diesem Wege können alle Fragen an eine Definition gelöst werden, indem man sie einfach prüft.

Die Nutzung einer Implementierung als Definition bietet einige Vorteile. Alle Probleme können durch Ausprobieren unzweideutig geklärt werden; großes Gerede gibt es nicht, denn die Antworten werden prompt geliefert. Vor allem aber sind die Antworten immer so präzise wie gewünscht und, per definitionem, immer richtig. Allerdings gibt es auch einen ganzen Schwung von Nachteilen. Die Implementierung kann sogar Auswirkungen auf die Benutzeroberfläche haben. Eine ungültige Syntax zeitigt immer ein Resultat - in einem überwachten System beispielsweise eine Fehlermeldung und sonst nichts. In einem nicht überwachten System dagegen können alle möglichen Nebeneffekte auftreten, die von den Programmierern durchaus genutzt worden sein können. Als wir z.B. die IBM 1401 auf dem System/360 emulieren wollten, kamen rund 30 Merkwürdigkeiten zum Vorschein - allesamt Nebeneffekte eigentlich ungültiger Operationen - die inzwischen überall benutzt und als Bestandteil der Definition angesehen werden. Das heißt die Implementierung als Definition übertreiben; es wird nicht nur gesagt, was die Maschine tun soll, sondern auch eine ganze Menge darüber, wie sie es zu tun hat.

Außerdem kann es passieren, daß die Implementierung auf schwierige Fragen unerwartete und nicht geplante Antworten gibt. Die *de facto*-Definition kann dabei oft unelegant erscheinen, weil gerade diesem Punkt nicht so viel Aufmerksamkeit gewidmet worden ist. Diese fehlende Eleganz wird sich bei der Verwendung in einer anderen Implementierung häufig als kostspielig und langsam erweisen. Einige Maschinen behalten beispielsweise nach einer Multiplikation auch die Restwerte der Operation in ihrem Multiplikandenregister. Eben dieser Abfall wird nun auch Teil der Definition, weswegen seine Wiederverwendung den Gebrauch eines schnelleren mathematischen Algorithmus ausschließt.

Und noch ein Einwand zu guter Letzt: der Gebrauch einer Implementierung als formale Definition stiftet geradezu zwangsläufig bei der Frage Verwirrung, was denn nun der Standard der Beschreibung sei - die formale oder die in Prosa geschriebene. Das trifft besonders auf programmierte Simulationen zu.

Schließlich sollte noch gesagt werden, daß die Implementierung nicht verändert werden darf, solange sie als Standard dient.

Zur Praxis

Dem Architekten steht mittlerweile eine recht einfache Technik zur Verfügung, mit der nicht nur die Syntax, sondern auch die Semantik der Kommunikation mehrerer Module festgelegt werden kann. Die Konsistenz von Definitionen wird mehr oder weniger erzwungen, wenn Deklarationen übergebener Parameter und/oder gemeinsam benutzter Speicherbereiche in einer separaten Datei gehalten werden, und der Compiler diese Datei jeweils zur Zeit der Übersetzung liest (z.B. über eine %INCLUDE-Anweisung in PL/1). Wenn die externe Definition eines Moduls zusätzlich konsequent über symbolische Namen (und nicht über Speicheradressen) geschieht, dann läßt sich eine derartige Deklaration durch schlichtes Einfügen zusätzlicher Zeilen ändern; davon abhängige Programmteile müssen lediglich neu compiliert, nicht aber neu geschrieben werden.

Konferenzen und Gerichtshöfe

Meetings sind ohne Zweifel unerläßlich. Hunderte von Mann-zu-Mann-Gesprächen müssen durch größere und formalere Zusammenkünfte ergänzt werden, von denen sich für uns zwei verschiedene Arten als nützlich herauskristallisiert haben. Zum einen sind da wöchentlich einberufene Versammlungen aller Architekten, die sich über einen halben Tag erstrecken können. An diesen Treffen nehmen auch Vertreter der Hardware- und Software-Implementierer sowie einige Marktstrategen teil. Den Vorsitz führt der oberste Systemarchitekt.

Jeder der Teilnehmer kann Probleme oder Änderungsvorschläge vortragen, die aber in der Regel bereits vor dem Meeting in schriftlicher Form eingereicht werden. Ein neues Problem wird normalerweise kurz diskutiert, denn der Schwerpunkt des Meinungsaustausches liegt auf der Kreativität, weniger im Bereich der reinen Entscheidungsfindung. Die Gruppe sammelt so viele Lösungsvorschläge wie möglich, von denen dann die vielversprechendsten zur präzisen Einarbeitung in die Handbücher an einen oder mehrere Architekten weitergereicht werden.

Haben die Architekten die gesammelten Gedanken dann detailliert niedergeschrieben, stehen sie auf einem weiteren Treffen endgültig zur Entscheidung an. Vorher allerdings sind die Vorschläge über die Tische von Implementierern und Benutzern gegangen, die Pro und Contra der vorgelegten Lösungen sorgfältig ausgelotet haben. Schön und gut, wenn dies zu einem übereinstimmenden Urteil führt - wenn nicht, hat der Chefarchitekt das letzte Wort. Über die Sitzungen wird Protokoll geführt und die getroffenen Entscheidungen sollten jedermann prompt und formal mitgeteilt werden.

Diese wöchentlichen Konferenzen ermöglichen einen beschleunigten Prozeß der Entscheidungsfindung und damit den ungehinderten Fortgang der Arbeit. Sollte trotzdem einmal
jemand mit einer Entscheidung allzu unglücklich sein, kann er sich an den Projektmanager
wenden, was aber in der Praxis nur selten vorkommt.

Es gibt mehrere Ursachen für die Fruchtbarkeit dieser Meetings:

1. Die gleiche Gruppe von Architekten, Benutzern und Implementierern trifft sich jede
    Woche aufs Neue. Die lästige Einarbeitung unkundiger Teilnehmer entfällt damit.

2. Die Gruppe ist kompetent, verfügt über alle Ressourcen und ist der Arbeit auf das
    Innigste verbunden. Niemand hat lediglich eine beratende Funktion - jeder hat die
    Autorität, sich auch bindend festzulegen.

3. Wenn Probleme auf den Tisch kommen, werden Lösungen innerhalb und außerhalb
    der vermeintlichen Grenzen gesucht.

4. Die formelle Natur schriftlich eingereichter Vorschläge drängt nach Entscheidungen,
    konzentriert die Aufmerksamkeit und vermeidet hausgemachte Unstimmigkeiten.

5. Die Macht, Entscheidungen dann tatsächlich zu treffen, liegt allein beim Chefarchi-
    tekten - Kompromisse und damit Verzögerungen sind also ausgeschlossen.

Mit der Zeit kann es vorkommen, daß einzelne Entscheidungen sich als weniger glücklich
erweisen. Irgendwelche Kleinigkeiten sind von einem der Konferenzteilnehmer nie von
ganzem Herzen akzeptiert worden. Andere wiederum haben unvorhergesehene Probleme
verursacht, die in den wöchentlichen Sitzungen nicht mehr in die Tagesordnung aufgenommen wurden. Schließlich bildet sich ein Rattenschwanz von Einwänden, offenen
Fragen und Unzufriedenheit. Um dies beizulegen, haben wir jährlich einmal "Gerichtshof"
gehalten, meistens über ungefähr zwei Wochen. (Wenn ich heute noch einmal vor der Entscheidung stände, würde ich es zweimal jährlich machen.)

Diese Sitzungen haben wir immer vor dem Ende einer wichtigen Entwicklungsstufe des
Handbuches einberufen. Anwesend waren nicht nur die Architektengruppe und Vertreter
der Implementierer und Programmierer, sondern auch die Manager von Programmierung,
Marketing und Implementierung. Den Vorsitz hatte der Projektmanager des System/360.

Das Programm umfaßte gewöhnlich etwa 200 in der Mehrzahl geringfügige Punkte, die auf
im ganzen Raum verteilten Stellwänden aufgelistet waren. Alle Seiten wurden angehört
und Entscheidungen getroffen. Morgens fand jeder der Teilnehmer, durch das Wunder der
computerisierten Textverarbeitung (und durch tätige Mithilfe aller Mitarbeiter) an seinem
Platz eine überarbeitete Fassung des Handbuches vor - samt all den am Vortag gefällten
Entscheidungen.

Diese "Herbstfeste" hatten nicht nur den Vorteil einer endgültigen Entscheidungsfindung;
die getroffenen Entscheidungen wurden letztendlich auch von jedermann akzeptiert.
Schließlich nahm jeder teil, wurde angehört und lernte die Einschränkungen des Entschei-
dungsspielraums durch das komplizierte Zusammenspiel eben dieser Entscheidungen zu
verstehen.

Mehrfache Implementierungen

Die Architekten hatten plötzlich nie gekannte Aussichten - nämlich genug Zeit, um sorgfältig arbeiten zu können und ausreichende Befugnisse, die denen der Implementierer entsprachen. Genug Zeit hatten sie wegen der Planungsweise der neuen Methodik, ihre "politische Gleichstellung" verdankten sie der gleichzeitigen Entwicklung mehrerer Implementierungen. Die zwingend notwendige Kompatibilität der Implementierungen untereinander war das bestmögliche Mittel zur Vervollkommnung der Spezifikationen.

Über kurz oder lang kommt aber bei jedem Computerprojekt der Tag, an dem Maschine und Handbuch Differenzen aufweisen. Diese Konfrontation geht meistens zu Lasten des Handbuchs, weil es wesentlich schneller und billiger geändert werden kann als die Maschine. Das ändert sich allerdings, wenn es mehrere Implementierungen gibt. Dann sind die durch *eine* fehlerhafte Maschine verursachten Kosten und Verzögerungen nicht mehr maßgeblich - entsprechende Änderungen sämtlicher anderen Maschinen, die bisher treu nach dem Handbuch arbeiteten, wären ungleich teurer.

Diese Erkenntnis kann man gewinnbringend auf die Definition jeder Programmiersprache übertragen. Es ist so gut wie sicher, daß viele Interpreter und Compiler früher oder später so konstruiert werden müssen, daß sie mehreren Vorstellungen gerecht werden. Die Definition wird klarer und die Disziplin straffer sein, wenn gleich von Anfang an mindestens zwei Implementierungen vorgenommen werden.

Das Telefonlogbuch

Mit dem Fortschreiten der Implementierung ergeben sich unzählige Fragen über die Interpretation der Architektur, wie präzise die Spezifikation auch immer ausgeführt ist. Ganz offensichtlich bedingen einige dieser Fragen Verbesserungen oder Klarstellungen im Text. Andere wiederum spiegeln lediglich Mißverständnisse wieder.

In diesem Zusammenhang ist es ungeheuer wichtig, den verwirrten Implementierer dazu zu ermutigen, dem verantwortlichen Architekten entsprechende Fragen zu stellen. Sonst besteht die Gefahr, daß er einfach über den Daumen peilt und weitermacht. Dabei darf nicht vergessen werden, daß der Architekt die Antworten auf diese Fragen gewissermaßen ex cathedra verkündet. Deswegen müssen sie auch allen anderen zugänglich gemacht werden.

Ein nützliches Hilfsmittel ist hier das Telefonlogbuch des Architekten. Einmal wöchentlich werden die Logbücher der Architekten gesammelt, vervielfältigt und an Benutzer und Implementierer verteilt. Eine solche Methode ist gleichzeitig zeitsparend und gewährleistet umfassende Information.

Die Überprüfung des Produktes

Des Architekten bester Freund ist sein tagtäglicher Widersacher - die selbständige Organisation zur Überprüfung des Produkts. Diese Gruppe mißt Maschinen und Programme ständig an ihren Spezifikationen und weist als advocatus diaboli auf alle denkbaren Fehler und Diskrepanzen hin. Jede Entwicklungsorganisation braucht solch eine technische Kontroll-gruppe, damit sie ehrlich bleibt.

Die allerletzte unabhängige Analyse ist dann die des Käufers. Im gnadenlosen Licht des alltäglichen Gebrauchs wird jeder Fehler zutage treten. Die Prüfgruppe ist also eine Art Probekäufer und dient allein dem Zweck, eben diese Fehler aufzufinden. Ein sorgfältiger Produktprüfer wird immer Stellen finden, an denen die Wortstaffette versagt hat, die Ent-scheidungen also nicht richtig verstanden oder falsch implementiert wurden. Deswegen ist die Prüfgruppe ein unverzichtbares Glied dieser Wortstaffette - ein Glied, das früh in die Kette eingefügt wird und die ganze Entwicklung begleitet.

7
Wieso fiel der Turm zu Babel?

7
Wieso fiel der Turm zu Babel?

Es hatte aber alle Welt einerlei Zunge und Sprache. Als sie nun nach Osten zogen, fanden sie eine Ebene im Land Sinear und wohnten daselbst. Und sie sprachen untereinander: Wohlan, laßt uns Ziegel stechen und brennen! - und sie nahmen Ziegel als Stein und Erdharz als Mörtel und sprachen: Laßt uns eine Stadt und einen Turm bauen, dessen Spitze bis an den Himmel reiche, damit wir uns einen Namen machen; denn wir werden sonst zerstreut in alle Länder. Da fuhr der HERR hernieder, daß er sähe die Stadt und den Turm, den die Menschenkinder bauten. Und der HERR sprach: Siehe, es ist einerlei Volk und einerlei Sprache unter ihnen allen, und dies ist der Anfang ihres Tuns; nun wird ihnen nichts mehr verwehrt werden können von allem, was sie sich vorgenommen haben zu tun. Wohlauf, lasset uns niederfahren und dort ihre Sprache verwirren, daß keiner des anderen Wort verstehe. So verstreute sie der HERR von dort in alle Länder, daß sie aufhören mußten, die Stadt zu bauen.

1. Mose 11, 1-8

P. Breughel, der Ältere. "Turmbau zu Babel", 1563
Kunsthistorisches Museum Wien

Das Projekt Babel aus Sicht des Managers

Den Berichten der Bibel zufolge war der Turmbau zu Babel das zweite bedeutende technische Projekt der Menschheitsgeschichte - das erste war die Arche Noah'. Babel war der erste Reinfall der Ingenieurskunst.

Diese Bibelstelle ist in vielerlei Hinsicht äußerst vielsagend und aufschlußreich. Wir aber wollen es hier bei der reinen Betrachtung des Ingenieurprojektes als solchem bewenden lassen und sehen, welche Lektionen der Manager daraus ziehen kann. War das Projekt der Babylonier für einen Erfolg ausreichend ausgestattet? Hatten sie

1. eine *klare Vorstellung?* Ja, obwohl ziemlich naiv und deswegen kaum durchführbar. Das Projekt war schon gescheitert, als es an seine wirkliche Grenze stieß.

2. *Arbeitskräfte?* Jede Menge.

3. *Material?* Lehm und Asphalt sind in Mesopotamien reichlich vorhanden.

4. Genug *Zeit?* Ja, es gibt keinerlei Hinweise auf zeitliche Beschränkungen.

5. Die entsprechende *Technologie?* Ja, die pyramidale oder konische Bauweise ist in sich ausreichend stabil und verteilt die Lasten gleichmäßig; die Baukunst war schon sehr weit entwickelt. Das Projekt scheiterte, bevor es an technische Grenzen stieß.

Warum scheiterte das Projekt dann aber, wenn all dies verfügbar war? Was fehlte? Zwei Dinge - Kommunikation und, als deren Konsequenz, Organisation. Sie konnten einfach nicht miteinander sprechen, waren folglich auch nicht in der Lage, ihre Tätigkeit zu koordinieren. Erst als die Koordination nicht mehr funktionierte, war das Projekt zum Scheitern verurteilt. Zwischen den Zeilen lesend können wir vermuten, daß die fehlende Kommunikation zu Streit, Mißmut und Eifersucht geführt hat. In kürzester Zeit zogen die einzelnen Clans fort, einfach weil sie die Isolation den Zwistigkeiten vorzogen.

Kommunikation im großen Programmierprojekt

Heute ist es auch nicht anders. Überschreitungen der Zeitpläne, funktionelle Ungereimtheiten und Fehler im System haben alle ihre Ursache allein in dem Umstand, daß die linke Hand nicht weiß, was die recht gerade tut. Mit fortschreitender Tätigkeit verändern die Teams immer mehr die Funktionen, die Größe und die Geschwindigkeit ihres Programms. Dabei verfälschen sie auch - absichtlich oder nicht - die Richtlinien über die verfügbaren Eingaben und den Nutzen, der aus den Ausgaben gezogen werden soll.

Der Implementierer kann z.B. Probleme mit einem Programm-Overlay haben und einfach dessen Geschwindigkeit reduzieren. Dabei mag er sich sehr wohl auf statistische Angaben verlassen, die belegen, daß diese eine Funktion tatsächlich nur selten gebraucht wird. Gleichzeitig kann aber sein Nachbar mit der Entwicklung eines Kontrollprogramms befaßt sein, das seinerseits wesentlich von der Geschwindigkeit dieser Funktion abhängig ist. Die Reduzierung der Geschwindigkeit ist jetzt eine fundamentale Änderung der Spezifikation, muß also folglich auch bekanntgegeben und aus Sicht des Gesamtsystems abgewägt werden.

Wie also sollen die einzelnen Teams untereinander kommunizieren? Vor allem so viel wie möglich.

- *Informell*. Eine gute Telefonanlage und eine klare Festlegung der Abhängigkeiten der Gruppen voneinander sind eine Grundvoraussetzung. Unzählige Telefonanrufe auf dem "kleinen Dienstweg", die zur Interpretation schriftlicher Dokumente nun einmal nötig sind, werden über sie abgewickelt.

- *Meetings*. Regelmäßige Projektbesprechungen, bei denen ein Team nach dem anderen den Stand seiner Arbeit darlegt, sind von unschätzbarem Wert. Dabei lösen sich hunderte von kleinen Mißverständnissen buchstäblich in Nichts auf.

- Das *Berichtsbuch*. Ein formelles Berichtsbuch des Projektes muß gleich zu Anfang begonnen werden.

Das Berichtsbuch des Projektes

Was. Das Berichtsbuch ist weniger ein eigenständiges Dokument als vielmehr eine Struktur, in die die beim Projekt sowieso anfallenden Dokumente eingebracht werden.

Alle Dokumente des Projektes werden in diese Struktur eingebunden! Das schließt Zielvorgaben, äußere Spezifikation, die der Schnittstellen, technische Standards, innere Spezifikation und Memos der Verwaltung ein.

Warum. Technische Prosa ist nahezu unsterblich. Geht man durch die Genealogie eines Handbuches für Hard- oder Software, lassen sich nicht nur die zugrundeliegenden Gedanken genau zurückverfolgen, es finden sich sogar noch einige der allerersten Sätze und Absätze des Projektvorschlags. Für den technischen Autor ist der Klebestift so wichtig wie der Kugelschreiber. Weil dem so ist, und weil die Qualität der Handbücher von morgen bereits mit den Memos von heute festgelegt wird, ist es sehr wichtig, der Dokumentation gleich die richtige Struktur zu geben. Die frühe Anlage eines Berichtsbuches sorgt also dafür, daß die Struktur der Dokumentation selber gut ausfällt (und nicht das Ergebnis hastig dahingeworfener Notizen ist). Zudem formt eine solche Struktur auch die späteren Schriftstücke so, daß sie in eben diese Struktur ohne Schwierigkeiten eingefügt werden können.

Der zweite Grund für die Anlage eines Berichtsbuches liegt etwas anders, nämlich in der Verbreitung von Informationen. Die soll nicht etwa behindert werden, sondern es wird vielmehr sichergestellt daß relevante Informationen auch den richtigen Mann zu erreichen.

Der erste Schritt besteht in der Numerierung der Memos. Dadurch erhält jeder Mitarbeiter eine geordnete Titelliste, aus der er jede gewünschte Information herauslesen kann. Aber die Vorteile des Berichtsbuches gehen über diese Möglichkeit noch hinaus, denn es gliedert die einzelnen Notizen gleichsam in eine Baumstruktur. So ist über jeden einzelnen Ast der Rückgriff auf die gesamte Struktur möglich, wenn dies wünschenswert erscheint.

Der Aufbau. Die Probleme mit den technischen Memos werden - wie so viele andere Probleme des Projektmanagements - mit zunehmendem Umfang immer größer, und das wiederum nicht linear. Bei 10 Leuten können die Dokumente einfach durchnumeriert werden, bei 100 dürften mehrere parallel angelegte Stränge von Dokumenten genügen. Aber Projekte von 1000 Mitarbeitern, die unweigerlich über die ganze Firma verstreut arbeiten, verlangen zunehmend nach einem strukturierten Berichtsbuch, auch weil es selber zunehmend umfangreicher wird. Wie aber soll sein Aufbau aussehen?

Meiner Meinung nach haben wir diese Frage bei unserem OS/360-Projekt sehr gut gelöst. O. S. Locken, der von seiner Mitarbeit am Betriebssystem der 1410-7010 bereits einschlägige Erfahrungen mitbrachte, forderte dringend die Anlage eines strukturierten Berichtsbuches.

Wir entschieden uns dann sehr schnell, *jedem* Programmierer das *gesamte* Material zugänglich zu machen, d.h., wir legten jedem von ihnen eine Kopie des Berichtsbuches auf den Tisch.

Die ständige Aktualisierung ist von besonderer Wichtigkeit, denn das Berichtsbuch muß immer auf dem neuesten Stand sein. Das ist nur unter großen Schwierigkeiten zu verwirklichen, wenn grundsätzlich alle Dokumente komplett neu getippt werden müssen. In einem Buch mit losen Einlegeblättern dagegen muß man lediglich einzelne Seiten ersetzen. Wir hatten bei dieser Aufgabe ein Textverarbeitungssytem zur Verfügung, das sich als unbezahlbar erwies. Von unserem Drucker konnten wir sofort reprofähige Vorlagen ziehen, so daß der ganze Prozeß nicht länger als einen Tag dauerte. Allerdings hatten die Leser der aktualisierten Seiten häufig Probleme, sich damit zurecht zu finden. Jedesmal, wenn eine solche Seite frisch vorlag, wollte der Empfänger natürlich wissen, was eigentlich verändert worden war. Wenn er sie später dann wieder vornahm, tauchte schließlich oft die Frage auf, welche Definition denn am heutigen Tage die maßgebliche sei.

Letzteres ist durch die kontinuierliche Aufbewahrung aller Dokumente gewährleistet. Die Markierung der Veränderungen im Text allerdings erreicht man nur durch weiterführende Maßnahmen. Zuerst einmal müssen sie etwa durch einen vertikalen Strich am Rand der betreffenden Stelle gekennzeichnet sein. Dazu sollte dann auch noch ein kurzes Glossar der Modifikationen samt ihrer Bedeutung mitgeliefert werden.

Als unser Projekt rund 6 Monate alt wurde, sahen wir uns einem neuen Problem gegenüber: Das Berichtsbuch hatte mittlerweile eine Dicke von fast anderthalb Metern. Die hundert Kopien der Programmierer aufeinander gelegt hätten das Time-Life Gebäude in Manhattan weit überragt. Der tägliche Ausstoß lag inzwischen bei 5 Zentimetern, ungefähr 150 Seiten, die schließlich auch eingeordnet werden mußten. Das Führen des Berichtsbuches wurde somit immer mehr zur eigentlichen Hauptbeschäftigung.

An diesem Punkt stellten wir auf Mikrofilm um, was gut eine Million Dollar eingespart hat, selbst wenn man die Kosten für die Lesegeräte mit einrechnet. Der Umsetzungsprozeß der Änderungen wurde durch die Verwendung der Mikrofilme signifikant beschleunigt; das Berichtsbuch schrumpfte von einem Kubikmeter auf 5 Kubikzentimeter, und die Aktualisierungen erschienen nun auf jeweils einem Mikrofilm in Bündeln von hundert Seiten. Der Zeitaufwand für das Einordnen der Seiten verringerte sich also um das Hundertfache.

Allerdings haben auch Mikrofilme ihre Schattenseiten. Dem Manager konnte es eigentlich ganz recht sein, daß jede aktualisierte Seite von den Programmierern eigenhändig eingeordnet werden mußte. Das bedeutete schließlich, daß sie auch *gelesen* wurden - der eigentlichen Zweck der gesamten Aktion. Die Mikrofilme dagegen können das Führen eines Berichtsbuches zu sehr vereinfachen, wenn sie nicht wiederum von einer schriftlichen Erläuterung der vorgenommenen Änderungen begleitet werden.

Außerdem kann ein Mikrofilm vom Leser kaum mit Anmerkungen, Hervorhebungen etc. versehen werden. Dokumente, mit denen der Leser wirklich gearbeitet hat, sind aus Sicht des Autors effektiver und für den Leser von weit höherem Nutzen.

Alles in allem glaube ich aber doch, daß der Schritt zum Mikrofilm ein sehr glücklicher war - gegenüber einem papiergebundenem Berichtsbuch kann ich ihn gerade bei Großprojekten nur empfehlen.

Wie würde man es heutzutage machen?

Angesichts der heute verfügbaren Technologie glaube ich, daß das Berichtsbuch in einer On-Line-Datei gespeichert sein sollte. Änderungen können mit Balken und Revisionsdaten versehen werden. Jeder Benutzer hätte direkten Zugang über sein Terminal (Schreibmaschinen sind zu langsam). Ein täglich überarbeitetes Änderungsglossar nach dem LIFO-Prinzip (last in/first out = das neueste rein/das älteste hinaus) könnte an einem festen Zugriffspunkt installiert werden. Wahrscheinlich würde der Programmierer dieses Glossar jeden Tag lesen, aber es würde auch nichts ausmachen, wenn er mal eine Version auslieẞe - er kann das Versäumte am nächsten Tag nachholen. Wenn er im Glossar interessante Stellen findet, kann er den geänderten Text jederzeit abrufen.

Ein wichtiger Punkt: das Berichtsbuch bleibt in seiner Funktion unverändert. Es ist immer noch die Zusammenstellung der gesammelten Dokumente des Projektes, deren Struktur von Anfang an festgelegt war. Allein die Mechanismen zur Verteilung und die des Informationszugriffes werden geändert. D. C. Engelbart und seine Mitarbeiter haben am Stanford Research Institute ein solches System gebaut und benutzen es zur Speicherung der Dokumentation ihres ARPA (advanced research projects agency) Verbindungsnetzes. D. L. Parnas von der Carnegie-Mellon Universität schlägt einen noch radikaleren Weg vor.[1] Er vertritt die These, daß der Programmierer dann am effektivsten arbeitet, wenn er vom Rest der Entwicklung möglichst abgeschirmt ist. Er soll also nicht jedem Detail des Systems ausgesetzt werden, sondern sich allein mit seiner eigenen Aufgabe befassen. Das setzt natürlich die präzise und komplette Definition der Parameterübergaben voraus. Obwohl das selbstverständlich ein guter Ansatz ist, ist damit trotzdem ein Fiasko schon vorgezeichnet - denn nur ein gutes Informationssystem kann Fehler bei der Parameterübergabe offenlegen und zu ihrer Beseitigung beitragen.

Organisation in einem großen Programmierprojekt

Sind n Mitarbeiter an einem Projekt beteiligt, treten schon $(n^2-n)/2$ Schnittstellen miteinander in Verbindung, und fast immer müssen 2^n Teams koordiniert werden. Der Zweck einer Organisation ist also die Verringerung des anfallenden Kommunikations- und Koordinationsaufwandes. Folglich ist jede Art von Organisation ein Frontalangriff auf die schon beschriebenen Kommunikationsprobleme.

Kommunikation kann man auf zweierlei Wegen umgehen: durch *Arbeitsteilung* und durch *Spezialisierung* der Funktion. Wenn dieser Weg gegangen wird, zeigt sich schnell, daß der baumähnliche Aufbau der Organisationen zu einem wesentlich geringeren Komunikationsaufwand führt.

Tatsächlich ist die Organisation nach dem Vorbild eines Baumes nichts anderes als eine Struktur von Autorität und Verantwortungsbereichen. Der Aufbau muß schon deshalb einem Baum gleichen, weil bekanntlich kein Mann der Diener zweier Herren sein soll. Dieser Einschränkung unterliegt die Kommunikationsstruktur selber allerdings weniger. Deshalb ist ein Baum kaum dazu geeignet, als Modell auch auf die Kommunikationsstruktur angewendet zu werden, die schließlich eine Art Netzwerk darstellt. Die Unstimmigkeiten des Baummodells geben Planungsstäben, Spezialteams und Komitees ihre Daseinsberechtigung. In manchen Computerlaboratorien haben sie sogar zu einem netzartigen Aufbau der Organisationen geführt.

Sehen wir uns doch einmal das Baummodell an und überlegen wir, welche Voraussetzungen jeder Ast erfüllen muß, soll er das geforderte Maß an Effektivität erreichen. Diese Voraussetzungen sind:

1. ein Auftrag;

2. ein Produzent;

3. ein technischer Direktor oder Architekt;

4. ein Zeitplan;

5. Arbeitsteilung;

6. eine Definition der Schnittstellen zwischen den einzelnen Teilen.

Bis auf die Unterscheidung zwischen Produzent und technischem Direktor ist das alles wohlbekannt und ganz normal. Erst einmal soll dargelegt werden, was die beiden eigentlich machen, dann wird ihre Beziehung zueinander untersucht werden.

Die Rolle des Produzenten: Er stellt das Team zusammen, erarbeitet den Zeitplan und teilt die Arbeit auf. Er besorgt die notwendigen Ressourcen und behält diese Tätigkeit über die gesamte Projektdauer bei. Das bedeutet, daß er hauptsächlich außerhalb des Teams - mit seinen Chefs und anderen Teams - kommunizieren muß. Zusätzlich erstellt er das Kommunikationsmuster und leitet den Informationsfluß. Schließlich gehört auch die Einhaltung des Zeitplans zu seinen Aufgaben, die er bei veränderten Rahmenbedingungen durch Reorganisation und den Erwerb neuer Ressourcen sicherstellt.

Die Rolle des technischen Direktors: Er arbeitet an der Entwicklung selbst, zerlegt sie in Unteraufgaben, bestimmt, was das System einmal leisten soll und skizziert die innere Struktur. Er gewährleistet also die Einheit und das geschlossene Konzept des Produktes, grenzt folglich die Komplexität des Systems ein. Technischen Problemen begegnet er, indem er Lösungen entwickelt oder aber die Planung entsprechend abändert. Al Capp bezeichnete ihn trefflich als "den Mann in der Mitte der Drecksarbeit". Er kommuniziert hauptsächlich innerhalb des Teams, wobei sein Tätigkeitsbereich gänzlich auf der technischen Seite der Arbeit liegt.

Offensichtlich müssen die beiden sehr unterschiedliche Begabungen mitbringen, die wiederum in den verschiedensten Kombinationen auftreten. Deswegen muß die Kombination der Begabungen von Produzent und technischem Direktor auch ihre Beziehung zueinander bestimmen. Organisationen sollten schließlich um die verfügbaren Leute herum aufgebaut werden und nicht etwa die Beteiligten in ein vorgefertigtes Schema pressen.

Es gibt drei Arten der Beziehung zwischen den beiden, die in der Praxis allesamt erfolgreich angewandt werden.

Der Produzent und der technische Direktor können ein und derselbe Mann sein. Das funktioniert natürlich besonders gut bei kleinen Teams mit drei bis sechs Programmierern. Bei größeren Projekten liegt die Sache aus zwei Gründen schon etwas anders: Erstens gibt es wohl kaum den Mann mit dem geforderten Können in Management und Technik. Denker sind selten, Macher sind noch seltener und Denker-Macher sind die seltensten. Zweitens sind beide Tätigkeiten in einem größeren Projekt anstrengende Vollzeitbeschäftigungen, manchmal sogar mehr. Dem Produzenten wird es kaum möglich sein, seine Aufgaben so weit zu delegieren, daß ihm Zeit zur technischen Arbeit bleibt - der Direktor seinerseits kann sich kaum von seinen Aufgaben freimachen, weil sonst die konzeptuelle Einheit der Entwicklung gefährdet wäre.

Der Produzent kann der Boss sein, der Direktor seine rechte Hand. Hier besteht die Hauptschwierigkeit darin, dem Direktor ausreichende *Autorität* zu verleihen, ohne seine Zeit so zu beschneiden, als säße er selber auf dem Stuhl des Managers.

Es ist klar, daß ihm die nötige Autorität vom Produzenten zuerkannt wird, der ihm auch in allen Zweifelsfällen rückhaltlos zur Seite steht. Dazu ist es aber zwingend notwendig, daß beide sich über die fundamentale technische Philosophie ihres Vorgehens einig sind; die betreffenden Fragen müssen sie privat ausdiskutieren, noch bevor sie tatsächlich aktuell werden. Zudem muß der Produzent äußerste Hochachtung vor der technischen Kapazität des Direktors haben.

Dann gibt es aber auch einige weniger offensichtliche Dinge, mit deren Hilfe der Produzent die Stellung des Direktors untermauern kann, obwohl der ja eigentlich nicht zum engeren Kreis des Managements gehört. Er kann dem Direktor z.B. alle möglichen Statussymbole zur Verfügung stellen (ein großes Büro, Teppiche, Möbel etc.), die belegen, daß er eben doch Entscheidungsbefugnisse hat.

All das kann sehr effektiv sein, wird aber leider sehr selten ausprobiert. Die Nutzung des technischen Genies eines Mannes, der auf dem Gebiet des Managements eher schwach ist, war schon immer eine der größten Schwierigkeiten der Projektmanager.

Der Direktor kann der Boss sein und der Produzent seine rechte Hand. In *Der Mann, der den Mond verkaufte*, beschreibt Robert Heinlein ein solches Arrangement an einem plastischen Beispiel:

Coster vergrub sein Gesicht in den Händen, dann sah er auf. "Das weiß ich. Ich weiß, was getan werden müßte - aber jedesmal, wenn ich versuche, ein technisches Problem anzugehen, will irgend so ein Dummkopf, daß ich eine Entscheidung über Lastwagen treffe. Oder über Telefone. Oder über irgendeine kleinkarierte Nebensächlichkeit. Tut mir leid, Herr Harriman. Ich hatte gedacht, ich würde es schaffen."

Harriman sagte leise: "Lassen Sie sich davon nicht umwerfen, Bob. Sie haben in letzter Zeit nicht viel Schlaf gehabt, oder? Ich will Ihnen etwas sagen - wir beide jubeln Ferguson jetzt mal einen unter. Ich baue Ihnen einen Apparat auf, der Sie vor solchen Dingen künftig schützt. Ich will, daß dieses Gehirn über Reaktor-Vektoren nachdenkt, nicht über Lastwagenverträge."

Harriman ging zur Tür, sah sich im Vorzimmer um und entdeckte einen Mann, der der Bürovorsteher sein mochte. "He, Sie! Kommen Sie her."

Der Mann schrak zusammen. Er kam zur Tür und sagte: "Ja?"

"Ich möchte, daß dieser Tisch in der Ecke und das ganze Zeug, das darauf liegt, in einen leeren Büroraum auf dieser Etage geschafft wird. Sofort."

(...)

Er überwachte Costers Umzug in das andere Büro, vergewisserte sich, daß in diesem neuen Büro das Telefon abgeklemmt wurde, und ließ eine Couch hineinstellen. "Projektor, Zeichenmaschine, Bücherregale, und anderes Zeug lassen wir heute nacht montieren", sagte er zu Coster. "Machen Sie einfach eine Liste von allem, was Sie brauchen - um an technischen Problemen zu arbeiten. Und lassen Sie es mich wissen, wenn Sie sonst noch etwas brauchen." Er ging wieder in das erste Büro und vergrub sich fröhlich in die Aufgabe, herauszufinden, wo die Organisation seines Mondfluges stand, und wo der Wurm darin war.

Rund vier Stunden später führte er Berkeley zu Coster. Der Chefingenieur schlief an seinem Schreibtisch. Harriman wollte leise wieder hinausgehen, aber Coster wachte auf. "Oh... tut mir leid", sage er und wurde rot. "Ich muß eingedöst sein."

"Dafür haben wir Ihnen ja die Couch hereingestellt", sagte Harriman. "Darauf kann man sich besser ausruhen.

Bob, das ist Jock Berkeley. Er ist Ihr neuer Sklave. Sie bleiben unbestrittener Chef, Jock der hohe Herr für alles übrige. Von jetzt an brauchen Sie sich um absolut nichts mehr zu kümmern - ausgenommen die Kleinigkeit, ein Mondschiff zu bauen."

Sie schüttelten sich die Hände. "Ich bitte nur um eins, Herr Coster", sagte Berkeley. "Übergehen Sie mich, so oft Sie wollen; aber sprechen Sie unbedingt jede Entscheidung auf Band, damit ich weiß, was vorgeht. Ich lasse auf Ihren Tisch einen Schalter stellen, mit dem Sie ein Aufnahmegerät auf meinem Tisch bedienen können."

"Gut."

"Und wenn Sie irgendetwas haben wollen, was nicht technisch ist, tun Sie es nicht selbst. Kippen Sie einen Schalter und pfeifen Sie; ich lasse es tun!". Berkeley blickte auf Harriman. "Der Chef sagt, daß er mit Ihnen über den wirklichen Job reden will. Ich lasse Sie jetzt allein und fange an." Er ging.

Harriman setzt sich. Coster sagte hinter Berkeley her: "Hui!"

"Fühlen Sie sich besser?"

"Dieser Berkeley gefällt mir."

"Das ist gut; von jetzt an ist er Ihr Zwillingsbruder. Hören Sie also auf, sich Sorgen zu machen - ich habe ihn schon verschiedentlich bei besonderen Sachen eingesetzt. Sie werden glauben, daß Sie sich in einem gutgeführten Sanatorium befinden."

Dieser Bericht spricht wohl für sich selbst. Auch ein solches Arrangement kann sehr gut funktionieren.

Allerdings vermute ich, daß auch dieses Modell eher auf kleinere Teams anzuwenden ist, wie etwa die in Kapitel 3, "Das Ärzteteam", besprochenen. Wahrscheinlich ist für die größeren "Äste" eines wirklich umfangreichen Projekts doch das Arrangement am besten, das den Produzenten als Boss vorsieht.

Der Turm zu Babel war vielleicht der erste Reinfall der Ingenieurskunst, aber er war sicherlich nicht der letzte. Kommunikation - und als Konsequenz daraus die Organisation - sind die Väter des Erfolges. Die Methoden der Kommunikation und Organisation verlangen vom Manager ebenso viel Denkarbeit und Kompetenz, wie die Softwaretechnologie selber.

8
Die Praxis als Herausforderung

8
Die Praxis als Herausforderung

Übung macht den Meister

Publilius

*Die Erfahrung ist ein teurer Lehrer, aber der Narr wird durch nichts
anderes lernen.*

Poor Richard's Almanach

Douglass Crockwell, "Ruth calls his shot", World Series 1932
Mit freundlicher Genehmigung des Esquire Magazine und Douglass Crockwell © 1945
(erneuert 1973), Esquire, Inc.; National Baseball Museum

Wie lange braucht man für ein Programmiersystem? Wie viel Arbeit muß darauf verwendet werden? Wie soll man schätzen?

Ich habe bereits Verhältnisrechnungen vorgestellt, die in etwa auf Zeitplanung, Kodierung, Überprüfung der Komponenten und den Systemtest angewendet werden können. Zuallererst muß jedoch gesagt werden, daß Daten für die Gesamtaufgabe auf *keinen Fall* von den Schätzdaten für die Codierung hochgerechnet werden dürfen. Die Codierung macht schließlich nur 1/6 der Aufgabe aus - Irrtümer bei ihren Schätzdaten oder den Verhältnisrechnungen hätten bei dieser Vorgehensweise geradezu lächerliche Ergebnisse.

Zweitens wäre zu sagen, daß auch die Arbeitsdaten kleiner, isolierter Programmierprojekte nicht auf den Bau von Programmiersystemen übertragen werden können. Für ein Programm mit einer Länge von ungefähr 3200 Wörtern haben Sackman, Erikson und Grant für einen einzelnen Programmierer beispielsweise eine durchschnittliche Kodierungs- und Fehlerbereinigungszeit von 178 Stunden ermittelt. Diese Zahl läßt sich auf einen Ausstoß von 35800 Befehlen pro Jahr hochrechnen. Ein halb so großes Programm war aber - das ergaben die Untersuchungen - bereits in einem Viertel der Zeit fertiggestellt. Diese Zahl hochgerechnet ergäbe schon annähernd 80000 Befehle pro Programmierer und Jahr.[1] Eine einfache Übertragung solcher Kurzzeitwerte auf die Entwicklung eines Programmiersystems ist offensichtlich vollkommen sinnlos - denn tatsächlich müssen ja auch Planung, Dokumentation, Überprüfung, Systemintegration und Ausbildungszeit als Faktoren miteinbezogen werden. Addiert man den Weltrekord im Hundertmeterlauf entsprechend auf, dürfte die Laufzeit für 1000 Meter schließlich auch nur bei etwas mehr als anderthalb Minuten liegen.

Bevor wir aber diese Zahlen gänzlich verwerfen, sollte eines doch festgehalten werden. Wenn auch nicht wirklich anwendbar auf unsere Fragestellung, so deuten sie nämlich doch darauf hin, daß der Aufwand immer eine Potenz der Projektgröße ist - und das sogar, wenn *keinerlei* Kommunikation im Spiel ist, sieht man von der zwischen dem Programmierer und seinen Speichern einmal ab.

In Bild 8.1 ist die ganze traurige Geschichte dargestellt. Nanus und Farr[2] von der Systems Development Corporation, deren Forschungsergebnisse hier illustriert sind, haben einen Exponenten von 1,5 herausgearbeitet:

$$\text{Aufwand} = (\text{Konstante}) \times (\text{Anzahl der Befehle})^{1,5}$$

Eine andere Studie von SDC, die von Weinwurm[3] durchgeführt wurde, ergab ebenfalls einen Exponenten von rund 1,5.

Die Produktivität der Programmierer ist schon Gegenstand einiger Untersuchungen gewesen, und mehrere Schätzmethoden sind daraufhin vorgeschlagen worden. Morin hat eine Zusammenstellung dieser Daten veröffentlicht, aus denen ich mir wiederum die Rosinen herausgepickt habe.

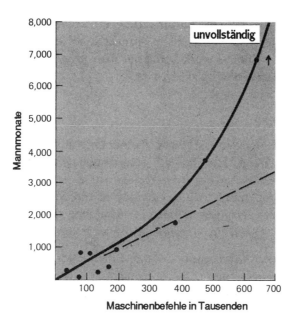

Bild 8.1 Aufwand im Verhältnis zur Programmgröße

Portmans Daten

Charles Portman, Manager der ICL Software Division, Computer Equipment Organization (Northwest) in Manchester, hat interessante Erkenntnisse mitzuteilen[5].

Er mußte ein ums andere Mal feststellen, daß seine Programmierteams die Zeitvorgaben um die Hälfte verfehlten - jeder Job dauerte ungefähr doppelt so lange wie geschätzt. Die Schätzungen waren sehr sorgfältig vorgenommen worden, und zwar von erfahrenen Teams, die die Mannstunden für hunderte von Unteraufgaben auf PERT-Charts (Programmschätzungs- und Überblickmethode, a.d.Ü.) festlegten. Als dann wieder einmal Verzögerungen eintraten, bat Portman dieses Team, über den "Zeitverbrauch" fortan genau Buch zu führen. Es stellte sich heraus, daß seine Teams tatsächlich nur die Hälfte ihrer Zeit auch ihrer eigentlichen Aufgabe, nämlich der Codierung und Fehlersuche widmeten. Der Rest mußte auf Maschinenausfall, wichtigere Nebentätigkeiten, Meetings, Papierkram, Krankheit, Urlaub etc. verbucht werden. Kurz gesagt, den Schätzungen lagen einfach unrealistische Zahlen über die tatsächlich verrichtete technische Arbeit pro Mann und Jahr zugrunde. Diese Schlußfolgerung deckt sich durchaus mit meinen Erfahrungen.[6]

Arons Daten

Joel Aron, Manager der Systems Technology bei IBM in Gaithersburg, Maryland, hat die Produktivität der Programmierer studieren können, während er nacheinander an neun großen Systemen arbeitete (nebenbei: Groß heißt mehr als 25 Programmierer und mindestens 30000 anwendbare Befehle).[7] Er unterteilt solche Systeme nach dem Grad des Zusammenspiels zwischen den Programmierern (und den Systemteilen) und sieht die Produktivität wie folgt:

wenig Zusammenspiel	10000	Befehle pro Mann und Jahr
begrenztes Zusammenspiel	5000	
viel Zusammenspiel	1500	

Diese Werte enthalten nur den reinen Zeitaufwand für Entwicklung und Programmierung - Nebentätigkeiten und Systemüberprüfung sind nicht eingeschlossen. Wenn man diese Werte nun noch durch zwei dividiert, um auch den Systemtest abzudecken, kommen wir schon fast auf Harrs Daten.

Harrs Daten

John Harr, Programmiermanager des "Electronic Switching System" der Bell Telephone Laboratories, berichtete auf der 1969er "Gemeinsamen Computer-Frühjahrskonferenz" über seine Erfahrungen.[8] Seine Daten finden sich in den Bildern 8.2, 8.3 und 8.4.

Davon ist Bild 8.2 das detaillierteste und aussagekräftigste. Die ersten zwei Arbeiten sind im wesentlichen Kontrollprogramme, die anderen beiden dagegen Sprachübersetzer. Die Produktivität wird in fehlerbereinigten Befehlen pro Mann und Jahr ausgedrückt, wobei diesmal Programmierung, Überprüfung der Komponenten und der Systemtest eingeschlossen sind. Aus der Darstellung geht allerdings nicht hervor, wieviel Aufwand der Maschinenunterstützung, dem Schreiben und ähnlichem gewidmet wurde. Analog dazu ist auch die Produktivität in zwei Klassen unterteilt - die Kontrollprogramme erbringen ungefähr 600 Befehle pro Mann und Jahr, die Übersetzer hingegen an die 2200. Die Größe der Programme ist dabei in allen Fällen gleich. Variationen ergeben sich nur in der Größe der Arbeitsgruppen, der Arbeitsdauer und der Anzahl der Module. Was ist aber Ursache, und was die Wirkung? Mußten an den Kontrollprogrammen mehr Leute eingesetzt werden, weil sie so kompliziert waren? Oder brauchten sie andersherum mehr Module, damit die Leute auch etwas zu tun hatten? Brauchten sie wegen ihrer Komplexität mehr Zeit oder wegen der Masse an Beteiligten? Das läßt sich nur schwer beantworten, aber sicherlich waren die Kontrollprogramme wesentlich komplexer als die Übersetzer.

	Progr.- Einheiten	Anzahl der Programmierer	Jahre	Mann- jahre	Maschinen- befehle	Befehle/ Mannjahr
Betriebssystem	50	83	4	101	52.000	515
Wartungssystem	36	60	4	81	51.000	630
Compiler	13	9	2,25	17	38.000	2230
Übersetzer (Datenverarbeitung)	15	13	2,5	11	25.000	2270

Bild 8.2 Zusammenfassung von vier Programmierarbeiten

Diese Daten beschreiben - auch mit ihren Unwägbarkeiten - die wirkliche Produktivität, wie sie an einem großen System in einer realistischen und modernen Programmier-umgebung anzutreffen ist. In dieser Form sind sie ein wertvoller Beitrag.

Bild 8.3 und 8.4 zeigen einige interessante Daten über die Programmier- und Fehler-bereinigungswerte im Vergleich zu den Vorhersagen.

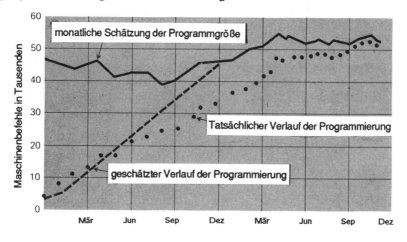

Bild 8.3 Vorausberechnete und tatsächliche Programmentwicklung

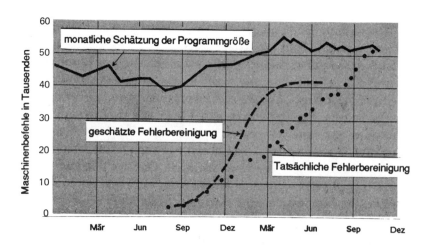

Bild 8.4 Vorausberechnete und tatsächliche Fehlerbereinigung

Die Daten von OS/360

Obwohl die Erfahrungswerte mit dem OS/360 von IBM nicht in solcher Dichte vorliegen wie Harrs Daten, können sie doch zu deren Bestätigung herangezogen werden. Die Gruppen an den Kontrollprogrammen erbrachten eine Leistung von ungefähr 600-800 fehlerbereinigten Befehlen pro Mann und Jahr, während die Arbeit an den Sprachübersetzern rund 2000-3000 Befehle pro Mannjahr ergab. Wiederum schloß dies die Planung, Codierung, Überprüfung und einige Nebentätigkeiten ein. Diese Daten sind, soweit ich das beurteilen kann, mit denen von Harr vergleichbar.

Arons Daten, die von Harr und die des OS/360 bestätigen sämtlich erstaunliche Unterschiede in der Produktivität, die selber offensichtlich von Komplexität und Schwierigkeit der Aufgabe wesentlich beeinflußt wird. Als Richtlinie im Morast dieser Komplexität mag vielleicht ein Hinweis dienen: Compiler sind dreimal schlimmer als aneinandergereihte Anwendungsprogramme, und Betriebssysteme sind wiederum dreimal schlimmer als Compiler.[9]

Corbatos Daten

Sowohl Harrs Daten, als auch die des OS/360, gelten für das Programmieren in Assemblercode. Dagegen scheinen nur wenige Daten über die Programmierung mit Hochsprachen veröffentlicht worden zu sein. Allein Frank Corbato vom MAC-Projekt des MIT (Massachusetts Institute of Technology) berichtet von 1200 Zeilen an fehlerbereinigten PL/I Befehlen, die auf dem MULTICS-System pro Mann und Jahr erreicht wurden.[10]

Ein unglaubliches Ergebnis! Denn wie alle anderen Projekte enthielt auch MULTICS Kontrollprogramme und Compiler. Wie die anderen war es ein überprüftes und dokumentiertes Programmiersystem. Also scheinen die Daten, zumindest was den Arbeitsaufwand betrifft, in allen Belangen vergleichbar zu sein. Und auch die Unterschiede in der Produktivität der Leute, die an den Sprachübersetzern arbeiteten und denen, die die Kontrollprogramme schrieben, bewegten sich im bekannten Rahmen.

Aber Corbatos Daten basieren auf *Zeilen* pro Mann und Jahr, nicht etwa auf *einzelnen Prozessoranweisungen*. Jede Zeile seines Programms entspricht ungefähr drei bis fünf Wörtern handgeschriebener Codierung. Dies legt zwei bedeutsame Schlußfolgerungen nahe:

- In Bezug auf die Anzahl der Programmschritte scheint die Produktivität konstant zu sein. Das ist nur logisch, denn alle Schritte verlangen in etwa die gleiche Denkarbeit und bergen letztendlich eine vergleichbare Anzahl von Fehlermöglichkeiten in sich.[11]

- Die Produktivität der Programmierer könnte bei der Verwendung einer entsprechenden Hochsprache um das Fünffache gesteigert werden.[12]

9
Zwei Zentner
in einem Ein-Zentner-Sack

9
Zwei Zentner
in einem Ein-Zentner-Sack

Der Autor sollte sich Noah zum Beispiel nehmen und (...) lernen, viele Dinge auf engstem Raum zu komprimieren, so, wie es auf der Arche vorexerziert wurde.

Sidney Smith, Edinburgh Review

Radierung nach einem Gemälde von Heywood Hardy
Bettman-Archiv

Die Programmgröße als Kostenfaktor

Wie groß ist es? Abgesehen von der Laufzeit ist der Platz, den ein Programm beansprucht, der wesentliche Kostenfaktor. Dies trifft sogar auf lizensierte Programme zu, bei denen der Benutzer dem Autor eine Gebühr entrichtet, die im Grunde nichts anderes als ein Beteiligung an den Entwicklungskosten ist. Nehmen wir z.B. das interaktive APL-Softwaresystem von IBM. Es wird für 400$ pro Monat vermietet und braucht mindestens 160 Kilobyte an Speicherplatz. Auf dem Modell 165 kostet die Speichermiete pro Kilobyte immerhin 12$ im Monat. Will man das System im Vollzeitbetrieb nutzen, muß man 400$ für die Software und 1920$ für die Miete der Hardware ausgeben. Im Teilzeitbetrieb, etwa für vier Stunden am Tag, kostet das APL-System wiederum 400$ für die Software, aber nur 320$ für den Speicher.

Immer wieder geben Leute geradezu ihrem Abscheu darüber Ausdruck, daß in einem 2 Megabyte-Computer allein 400 Kilobyte auf das Betriebssystem verwendet werden. Das ist genauso dumm, als würde man den Jumbojet wegen seines Preises von 27 Millionen Dollar kritisieren. Man muß natürlich auch fragen: "Was kann er denn eigentlich?" Was an Einfachheit in der Bedienung und an Leistung (über den Weg einer effektiven Nutzung des Systems) bekommt man denn für seine Dollars? Wären die 4800$ für die monatliche Speichermiete nicht wesentlich sinnvoller verwendet, wenn man statt dessen in andere Hardware, Programmierer oder Anwendungsprogramme investieren würde?

Der Systemkonstrukteur steckt nur dann Teile seiner Hardwareressourcen in den Hauptspeicher, wenn er glaubt, daß dies für den Benutzer besser als Addierer oder Datenträger ist. Alles andere wäre grob fahrlässig. Das Ergebnis schließlich muß dann als Ganzes bewertet werden - niemand kann ein Programmiersystem wegen seiner Größe kritisieren und im gleichen Atemzug eine stärkere Integration von Hard- und Softwareentwicklung fordern.

Weil die Kosten also in so starkem Maße von der Größe des Programms abhängen, muß der Konstrukteur immer eine Zielgröße vorgeben, diese ständig kontrollieren und Eingrenzungsmethoden erdenken. So wie jeder Kostenfaktor ist nicht die Größe selber von Übel - nur unnötige Größe sollte man sich sparen.

Kontrolle der Größe

Die Kontrolle des Umfangs eines Produktes verlangt dem Projektmanager sowohl technische als auch Managerfähigkeiten ab. Man muß die Benutzer und ihre Bedürfnisse schon genau studiert haben, um die Größe eines Produktes festlegen zu können. Erst danach kann das System aufgeteilt und jede seiner Komponenten mit einer Zielgröße versehen werden. Die Abstriche, die bei der Geschwindigkeit des Programms abhängig von seinem Umfang gemacht werden müssen, treten in ziemlich großen Quantensprüngen auf. Schon deshalb ist die Festlegung der Zielgrößen eine ausgesprochen schwierige Angelegenheit, die eine genaue Kenntnis der möglichen Abstriche in jedem Teil voraussetzt. Der kluge Manager hält sich deswegen immer einige Reserven zurück, die dann bei fortschreitender Arbeit noch verteilt werden können.

Obwohl wir all dies bei dem OS/360 beachtet hatten, blieben uns aber trotzdem mehrere schmerzhafte Lektionen nicht erspart.

Erst einmal ist die Festlegung der Größe des Hauptspeichers allein nicht genug - vielmehr müssen alle Systemteile den gleichen Beschränkungen unterworfen werden. Bei den meisten frühen Betriebssystemen lagen die residenten Komponenten auf Band. Die langen Zugriffszeiten regten nicht gerade dazu an, sie in einzelnen Programmteilen zu verwenden. OS/360 dagegen war auf Disketten gespeichert, ebenso wie seine direkten Vorläufer, das Stretch-Betriebssystem und das 1410-7010 Diskettenbetriebssystem. Dabei hatten sich ihre Konstrukteure ganz den Verlockungen des freien Diskettenzugriffs hingegeben - mit katastrophalen Auswirkungen auf die Leistungsfähigkeit der Systeme.

Wir hatten wohl jeder Komponente ihren Platz im Hauptspeicher zugewiesen, gleichzeitig aber die Zugriffsmöglichkeiten nicht im geringsten eingeschränkt. Es ist leicht einzusehen, daß die Programmierer jetzt, hatten sie einmal ihren Hauptspeicherplatz ausgeschöpft, ihre Programme einfach in Overlays zerlegten. Das wiederum blähte die ganze Konstruktion ungeheuer auf und verlangsamte in der Folge die Ausführungsgeschwindigkeit in erheblichem Maße. Noch schlimmer aber war, daß wir als Manager keinerlei Ahnung von diesen Vorgängen hatten. Schließlich konnte jeder Programmierer von sich behaupten, er sei im Rahmen seiner Zielvorgaben geblieben - mithin bestand kein Grund zur Besorgnis.

Glücklicherweise verfügten wir bereits in einem relativ frühen Stadium des Projektes über einen OS/360-Simulator. Gleich die ersten Läufe offenbarten, welche Probleme wir wirklich hatten. Auf einem Modell 65 mit Trommelspeichern simulierte Fortran H eine Compilierung von fünf Befehlen pro Minute! Als wir dann nachforschten, ergab sich, daß jedes der Module unzählige Male auf die Hintergrundspeicher zurückgriff. Sogar ständig benötigte Überwachungsmodule unternahmen solch lange Reisen - das hätte man sich auch gleich sparen können.

Und die Moral von der Geschicht? Begrenze den Gesamtumfang des Produktes ebenso wie die Verteilung des Hauptspeicherplatzes auf die speicherresidenten Module; Begrenze die Zahl der Zugriffe auf Hintergrundspeicher ebenso wie den Umfang des gesamten Produktes.

Die nächste Lektion war der ersten ziemlich ähnlich. Die umfangmäßige Beschränkung der Module war schon vorgenommen worden, bevor sie überhaupt funktional aufgefüllt waren. Das hatte zur Folge, daß jeder Programmierer, wenn er sich Platzproblemen gegenüber sah, einfach sein Programm durchforstete und Überzähliges seinem Nachbarn über den Zaun warf. So wurden Puffer, die eigentlich von den Kontrollprogrammen gehandhabt wurden, Bestandteil des Benutzerbereiches. Noch schlimmer war, daß dies mit allen möglichen Kontrollblöcken passierte, was schließlich Sicherheit und Schutz des ganzen Systems gefährdete.

Die zweite Moral liegt also auf der Hand: Wenn Du die Größe eines Moduls festlegst, mußt Du gleichzeitig auch seinen Aufgabenbereich bestimmen.

Durch diese Erfahrungswerte schimmert noch eine dritte und schwerwiegendere Lektion durch. Das Projekt war groß, die Kommunikationsfähigkeit der Manager war erbärmlich. So sahen sich viele Programmierer eher als Teilnehmer eines Schönheitswettbewerbes denn als Konstrukteure eines Programmierprodukts. Jeder war allein damit beschäftigt, sein kleines Modul zu optimieren; kaum einer dachte dabei über die Auswirkungen auf den Käufer nach. Dieser totale Ausfall von Orientierung und Kommunikation ist die Hauptgefahr für jedes große Projekt. Deshalb darf der Systemarchitekt über die gesamte Implementierung hinweg in seiner Wachsamkeit nie nachlassen, will er die kontinuierliche Einheit des Systems sicherstellen. Zusätzlich zu dieser "Polizeiarbeit" muß er aber auch auf die Einstellung der Implementierer ihrer Tätigkeit gegenüber einwirken. Bei der Aufzucht eines Programmiersystems ist die Pflege einer benutzerfreundlichen Einstellung vielleicht die wichtigste Aufgabe des Programmiermanagers.

Platzeinsparung

Egal, wie rigoros sie angewendet werden: Beschränkungen und Kontrolle allein können das Programm nicht klein halten. Dazu braucht man Erfindungsgabe und technisches Können.

Offensichtlich bedeuten mehr Funktionen - bei gleichbleibender Geschwindigkeit - auch einen höheren Platzbedarf. So liegt also die erste Aufgabe für den wirklichen Meister seines Fachs in der ausgewogenen Balance von Funktion und Umfang eines Programmes. Bereits an diesem Punkt ergibt sich eine wichtige und einschneidende Frage: Wieviel von dieser Wahl soll dem Benutzer überlassen werden? Man kann leicht ein Programm mit vielen Wahlmöglichkeiten schreiben, von denen jede ein wenig Platz in Anspruch nimmt. Man kann einen Generator entwickeln, der ein Programm auf eine Liste von Optionen direkt zuschneidet. Aber für jeden beliebigen Satz von Optionen wäre ein eher blockartiger Aufbau besser, einfach weil dadurch Platz gespart würde. Das ist im Grunde wie bei einem Auto; wenn der Frisierspiegel, der Zigarettenanzünder und eine Uhr in einem Paket geliefert werden, sind sie zusammen billiger, als würde man sie einzeln einbauen lassen. Es ist also Aufgabe des Designers zu entscheiden, wie feinstrukturiert die Wahlmöglichkeiten des Benutzers einmal sein sollen.

Bei der Entwicklung eines Systems mit mehreren Speichergrößen ergibt sich eine weitere Frage. Der Anwendungsbereich wird durch bestimmte Faktoren ziemlich eingeengt, selbst bei einer sehr feinen modularen Aufgliederung. Im kleinsten System nämlich wird bei den meisten Modulen mit Overlays gearbeitet. Ein wesentlicher Teil des residenten Platzes im System muß hierbei als Hintergrundspeicher benutzt werden, in den auch andere Teile des Programms geladen werden können. Die Größe dieses Speichers bestimmt dann auch die Größe der restlichen Module.

Außerdem kostet es Platz und Leistung, Funktionen derart aufzugliedern. Deshalb spart auch ein großes System lediglich ein paar Peripheriezugriffe, wenn es etwa über einen 20mal größeren Programmspeicher verfügt - die Modularisierung hat hier in Bezug auf Geschwindigkeit und Speicherplatz dieselben nachteiligen Effekte wie bei einer kleineren Ausbaustufe. Der Effektivität von Programmiersystemen, die aus Modulen kleinerer Maschinen zusammengesetzt sind, ist somit eine natürliche Grenze gesetzt.

Die zweite wichtige Aufgabe findet der Meister seines Fachs in der Ausbalancierung von Platz und Zeit. Jede beliebige Funktion ist desto schneller, je mehr Platz sie zur Verfügung hat. Dies trifft auf ein überraschend breites Feld zu, und gerade dieser Umstand macht die genaue Verteilung des Platzes plausibel.

Bei diesem Balanceakt kann der Manager seinem Team auf zweierlei Art und Weise behilflich sein. Zum einen kann er sicherstellen, daß alle in den entsprechenden Programmiertechniken ausgebildet sind - angeborener Verstand und frühere Erfahrung allein reichen nicht aus. Dies ist natürlich gerade bei einer neuen Sprache oder einer neuen Maschine von eminenter Wichtigkeit. Die Besonderheiten ihrer Anwendung müssen schnell gelernt und von allen geteilt werden, vielleicht unter dem Anreiz eines Preises oder einer Belobigung.

Zum anderen sollte beachtet werden, daß das Programmieren eine Technologie hat - Komponenten müssen erfunden werden. Jedes Projekt braucht ein Reservoir guter Subroutinen und Makros für Warteschlangen, Suchen, Hashing und Sortieren. Jede dieser Funktionen sollte in zwei Programmversionen existieren, einer schnellen und einer platzsparenden. Die Entwicklung einer solchen Technologie ist eine wichtige Aufgabe der Realisierung und kann parallel zur Systemarchitektur verlaufen.

Die Darstellung als Essenz der Programmierkunst

Jenseits des rein technischen Könnens liegt die Erfindungsgabe - sie ist es, die die Entwicklung schlanker und schneller Programme erst möglich macht. Solche Programme sind fast immer das Ergebnis eines strategischen Durchbruchs, selten das taktischer Cleverness. Manchmal kann dieser strategische Durchbruch ein neuer Algorithmus sein, wie z.B. die schnelle Fourier-Transformation von Cooley und Tukey. Manchmal ist es auch etwas wie die Substitution einer n^2 Vergleichsreihe durch $n \log n$ Operationen.

Aber weitaus häufiger wird sich der strategische Durchbruch aus einer Neubearbeitung der Darstellung von Daten oder Tabellen ergeben. Denn hier liegt der Kern des Programmes. Also zeige mir Deine Flußdiagramme, aber verhülle Deine Tabellen, und ich werde auf ewig im Dunkeln tappen. Zeige mir aber Deine Tabellen und ich werde deine Flußdiagramme normalerweise gar nicht brauchen, denn ich weiß, wie sie aussehen.

Es ist ein Leichtes, die Bedeutung und Kraft der Darstellung an Beispielen zu belegen. Ich erinnere mich da an einen jungen Mann, der für den IBM 650 einen ausgeklügelten Konsoleninterpreter bauen wollte. Es lief schließlich darauf hinaus, daß er alles auf unglaublich wenig Raum zusammendrängte, indem er für den Interpreter einen Interpreter baute. Er folgte dabei der Überlegung, daß menschliche Interaktionen langsam sind, Speicherplatz dagegen teuer. Digiteks eleganter kleiner Fortran-Compiler bedient sich einer sehr komprimierten und spezialisierten Repräsentation des Compilercodes selber, und erspart sich so den Aufwand eines externen Speichers. Der Zeitverlust durch das Entschlüsseln der Repräsentation wird dabei dadurch zehnfach wieder wettgemacht, daß die Ein- und Ausgaben entfallen. (Die Übungen am Ende von Kapitel 6 in Brooks, Iverson, *Automatic Data Processing*[1] enthalten eine Sammlung solcher Beispiele, wie auch viele der Übungen bei Knuth[2])

Ist der Programmierer wegen Platzmangels erst einmal am Ende seiner Weisheit, macht er sich am besten von seinem Programm frei, rollt es noch mal auf und überdenkt seine Daten aufs Neue. Die Darstellung *ist* die Essenz der Programmierkunst.

10
Die Dokumenten-Hypothese

10
Die Dokumenten-Hypothese

Die Hypothese:

Inmitten eines Berges von Papieren finden sich einige Dokumente, die sich als Dreh- und Angelpunkt der Managerarbeit erweisen. Dies sind die wichtigsten Werkzeuge des Managers.

W. Bengough, "Scene in the old Congressional Library" 1897
Bettman-Archiv

Technologie, Organisationsstruktur und Tradition des Handwerks bedingen, daß bei jedem Projekt mehr oder weniger Papierkram anfällt. Dem frischgebackenen Manager, der gerade selber noch ein "Handwerker" war, erscheint das erst einmal nur ein unnötiges Ärgernis zu sein. Er betrachtet diese Arbeit als eine dumme Ablenkung, ein schwarzes Loch, das ihn zu verschlingen droht. Und tatsächlich ergeht es den meisten von ihnen dann auch so.

Aber langsam kommen sie schließlich doch dahinter, daß ein kleiner Teil dieser Dokumente einen großen Teil ihrer Arbeit erleichtern und vermitteln kann. Jedes dieser Papiere bietet eine gute Gelegenheit, Gedanken und Diskussionen auf den Punkt zu bringen, die sonst endlos weitergelaufen wären. Die Pflege des Dokumentenschatzes baut dem Manager nach und nach ein Warn- und Überwachungsinstrumentarium auf - die Dokumente selber dienen zur Statuskontrolle, als Prüfliste und Grundlage seiner Berichterstattung.

Um beurteilen zu können, inwieweit solche Dokumente bei einem Softwareprojekt erfolgreich verwendet werden könnten, wollen wir uns ihren Gebrauch in anderen Bereichen ansehen.

Die Dokumente eines Computerprojektes

Stellen sie sich vor, ein Computer wird gebaut. Was sind die wichtigsten Dokumente?

Zielvorgaben. Sie legen die Bedürfnisse fest, die Ziele, Desiderata, Beschränkungen und Prioritäten.

Spezifikationen. Ein Computerhandbuch samt Spezifikation der Leistungsfähigkeit. Dies ist eines der ersten Dokumente bei der Anregung eines neuen Projektes und wird erst als letztes abgeschlossen.

Zeitplan

Budget. Weit davon entfernt, eine reine Beschränkung zu sein, ist das Budget eines der hilfreichsten Dokumente des Managers. Allein die Existenz eines Budgets erzwingt Entscheidungen, die sonst eventuell umgangen würden. Außerdem bedingt es geradezu eine klare und gestraffte Vorgehensweise.

Organisationsdiagramm

Platzverteilung

Schätzungen, Marktanalysen, Preise. Diese drei bilden einen geschlossenen Kreislauf, von dem Erfolg oder Untergang des ganzen Projekts abhängt.

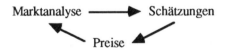

Grundlage einer Marktanalyse sind Spezifikation der Leistung und die postulierten Preise. Die Verkaufsprognosen kombiniert mit der Anzahl der Systemkomponenten ergeben die geschätzten Herstellungskosten und den Anteil per Einheit an den Entwicklungs- und den Fixkosten. Daraus wiederum errechnen sich die Preise.

Wenn die Preise dann unter dem postulierten Niveau liegen, ergibt sich ein anderer, sehr erfreulicher Kreislauf. Die Marktanalyse fällt jetzt natürlich wesentlich günstiger aus, die Kosten pro Einheit sinken. Damit aber können die Preise noch einmal nach unten abgerundet werden.

Liegen die Preise aber über dem postulierten Niveau, gerät man in einen anderen, diesmal weniger erfreulichen Kreislauf, aus dem man nur mit äußerster Anstrengung wieder ausbrechen kann. Jetzt nämlich müssen die Leistung komprimiert und neue Anwendungsbereiche entwickelt werden, um den Erwartungen des Marktes gerecht zu werden. Gleichzeitig sind die Kosten zu verringern. Unter dem Druck dieses Kreislaufes erbringen Marktstrategen und Ingenieure oft ihre besten Leistungen.

Ebensooft wird allerdings auch mit einer geradezu lächerlichen Unentschlossenheit reagiert. Ich erinnere mich da an eine Maschine, deren Befehlszähler alle sechs Monate einmal in den Speicher aufgenommen, dann wieder daraus verbannt wurde, und das über eine Projektdauer von 3 Jahren. Entweder wurde ein wenig mehr Leistung erwartet, der Befehlszähler also in Transistoren implementiert, oder es wurde die Verringerung der Kosten verlangt, was zu seiner Implementierung als Speicherstelle führte. Bei einem anderen Projekt dagegen konnte ich die Arbeitsweise des besten Managers, den ich je gesehen habe, beobachten. Er wirkte wie ein riesiges Schwungrad, dessen Trägheit alle Änderungsversuche der Marktleute und Manager abdämpfte.

Die Dokumente des Fachbereichs einer Universität

Trotz großer Unterschiede in Tätigkeit und Funktion dienen auch dem Dekan eine vergleichbare Anzahl ähnlicher Dokumente als Herzstück seines Papierberges. Fast jede Entscheidung von Dekan, Lehrstuhlinhaber oder Fachbereichskonferenz bedeutet eine Spezifikation oder Änderung dieser Dokumente:

Forschungsziele

Curricula

Leistungsüberprüfung

Projektvorschläge

Stunden- und Lehrpläne

Forschungsmittel/Budget

Raumverteilung

Berufung von Lehrkräften und Assistenten

Beachtlich ist, daß die Teilbereiche denen eines Computerprojektes sehr ähnlich sind: Zielvorgabe, Spezifikation des Produkts, Verteilung der Mittel, Zuteilung eines Zeit- und Platzrahmens und die Personalfrage. Diese Verwandtschaft kommt nicht von ungefähr - die Belange einer jeden Managertätigkeit sind das was, wo, wann, wieviel und wer.

Die Dokumente eines Softwareprojektes

Am Anfang vieler Softwareprojekte stehen Meetings und Debatten über die Struktur des Produkts - dann geht es frisch ans Programmieren. Aber wie klein das Projekt auch immer sein mag; der Manager ist stets gut beraten, sich gleich zu Beginn mindestens eine Mini-Dokumentensammlung anzulegen, die ihm als persönliche Datenbank dienen kann. Und tatsächlich wird er Dokumente benötigen, die sich von denen anderer Manager gar nicht so sehr unterscheiden.

Was: Zielvorgaben. Sie legen die Bedürfnisse fest, die Ziele, Desiderata, Beschränkungen und Prioritäten.

Was: Spezifikation des Produkts. Sie nimmt als Vorschlag ihren Anfang und endet als Handbuch bzw. interne Dokumentation. Dabei ist die Spezifikation von Geschwindigkeit und Raumverteilung der kritische Punkt.

Wann: Zeitplan

Wieviel: Budget

Wo: Platzzuordnung

Wer: Organisationsplan. Er steht in direkter Verbindung mit der Spezifikation der Parameterübergaben. Dazu Conways Gesetz[1]:"Organisationen zur Entwicklung eines Systems müssen zwangsläufig Systeme produzieren, die eine direkte Kopie der Kommunikationsstruktur eben dieser Organisationen sind." Conway führt dann weiter aus, daß die Organisationsstruktur direkte Auswirkungen auf die erste Stufe der Entwicklung habe, die mit Sicherheit nicht die richtige sei. Soll also die Entwicklung selber für Änderungen offen sein, muß dies eine flexible Organisationsstruktur erst einmal ermöglichen.

Warum also formale Dokumente?

Erstens ist es essentiell wichtig, Entscheidungen schriftlich festzuhalten. Nur beim Schreiben werden Lücken offensichtlich, treten Unstimmigkeiten hervor. Die Schreibtätigkeit selber verlangt fortwährend nach kleinen Entscheidungen, die ein klares und exaktes Vorgehen erst von reiner Schlamperei unterscheiden.

Zweitens werden über diese Dokumente alle Entscheidungen auch den anderen zugänglich gemacht. Der Manager wird andauernd davon überrascht, daß Tatsachen, die er für allgemein bekannt hielt, von niemandem überhaupt erst zur Kenntnis genommen worden sind. Weil sein Job aber darin besteht, das ganze Team unaufhörlich in die gleiche Richtung marschieren zu lassen, liegt seine Hauptaufgabe in der Übermittlung aller wichtigen Informationen, nicht im Treffen einsamer Entscheidungen - und dabei wird ihm seine Dokumentensammlung einen großen Teil der Last von den Schultern nehmen.

Schließlich und endlich sind die Dokumente dem Manager auch Datenbank und Prüfliste zugleich. Wenn er regelmäßig einen Blick darauf wirft, weiß er immer, wo er gerade ist, wo vielleicht Gewichtsverlagerungen oder Richtungswechsel angebracht wären.

Ich teile die verkaufsorientierte Vision vom "Management-Total-Informationssystem" nicht, in das irgendein leitender Angestellter eine Anfrage eingibt und auf dessen Bildschirm dann die komplette Antwort erscheint. Es gibt mehrere gewichtige Gründe, warum dies nie Realität werden kann. Ein Grund ist der, daß ein Manager nur einen unwesentlichen Teil seiner Zeit - sagen wir 20 Prozent - mit Aufgaben verbringt, für die er Informationen braucht, die er nicht sowieso in seinem Kopf hat. Der Rest ist Kommunikation: Zuhören, Berichte, Ermahnungen, Beraten, Erklären und Ermutigen. Aber für den tatsächlich festgehaltenen Teil der Informationen ist die Handvoll wichtiger Dokumente von entscheidender Bedeutung - sie werden alle Bedürfnisse erfüllen.

Aufgabe des Managers ist die Entwicklung eines Plans und dessen Realisierung. Aber nur in schriftlicher Form kann ein Plan präzise und vermittelbar sein. Deshalb besteht er aus Dokumenten über das was, wann, wieviel, wo und wer. Das Herzstück der Dokumentenflut, der kleine Haufen wirklich wichtiger Papiere, ist ein wesentliches Hilfsmittel des Managers. Wenn ihre Relevanz und ihr Inhalt gleich zu Beginn erkannt werden, kann der Manager sie als brauchbares Werkzeug betrachten und nicht nur als eine ärgerliche Fleißarbeit. Schließlich kann er damit die Ausrichtung seiner Arbeit schnell, knapp und präzise vornehmen.

11
Das Pilotprojekt für den Abfalleimer

11
Das Pilotprojekt für den Abfalleimer

Nichts ist beständig auf der Welt außer der Unbeständigkeit.

Swift

Es ist nur natürlich, sich eine Methode vorzunehmen und sie auszuprobieren. Wenn es schief geht, gib' es offen zu und versuche etwas anderes. Die Hauptsache ist, daß du überhaupt etwas versuchst.

Franklin D. Roosevelt[1]

Zusammenbruch der aerodynamisch fehlkonstruierten Brücke bei Tacoma Narrows, 1940
Foto: UPI

Pilotanlagen und Erweiterung

Chemieingenieure wissen schon lange, daß ein im Labor entwickelter Prozeß nicht so einfach in einem Schritt auf die industrielle Produktion übertragen werden kann. Als Zwischenstufe muß ein *Pilotprojekt* eingeschaltet werden - nur so kann man außerhalb des Labors Erfahrungen mit der Ausweitung eines Prozesses sammeln. So wird etwa eine Meerwasserentsalzungsanlage in einem Pilotprojekt mit beispielsweise 40000 Litern pro Tag ausprobiert, bevor man einer ganzen Stadt die entsprechende Großanlage mit einer Kapazität von 2000000 Litern hinstellt.

Die Konstrukteure bisheriger Programmiersysteme haben diese Lektion offensichtlich noch nicht gelernt. Eine Projektgruppe nach der anderen entwickelt einfach einen Satz von Algorithmen und stürzt sich dann auf die Herstellung eines fertigen Produkts - und das alles in einem Zeitplan, der sie dazu zwingt, gleich das erste Ergebnis auch auszuliefern.

Das erste Ergebnis der allermeisten Projekte ist aber bekanntlich zu nichts zu gebrauchen. Manchmal ist es zu langsam, manchmal zu groß, manchmal kaum zu handhaben, oder auch alles zusammen. Es bleibt kein Ausweg - man muß noch einmal von vorne anfangen und eine neuentwickelte Version bauen, die diese Probleme nicht hat. Löschen und Neuentwicklung können in einem Rutsch erledigt werden, oder eines nach dem anderen - aber alle Erfahrung mit großen Projekten zeigt, daß man es auf jeden Fall tun muß.[2] Wenn demnach ein neues Systemkonzept oder eine unbekannte Technologie verwendet wird, sollte direkt von Anfang an ein System nur für den Abfalleimer gebaut werden - denn auch die besten Planer sind nicht allwissend, können also im ersten Anlauf gar nicht alles richtig machen.

Die Frage für das Management ist also nicht, *ob* man ein Pilotsystem bauen soll. Das macht man ganz bestimmt! Die einzige Frage ist allenthalben, ob man ein Wegwerfprodukt *einplant*, oder ob es den Kunden zu einem bestimmten Zeitpunkt zur Auslieferung versprochen wird. So gesehen liegt die Antwort auf der Hand. Man gewinnt sicherlich eine Galgenfrist, wenn man das Wegwerfprodukt an den Kunden weitergibt. Aber das nur auf Kosten der Kunden und deshalb verbunden mit einiger Ablenkung bei der Überarbeitung des mißratenen Produkts. Außerdem wird auch die beste Neubearbeitung den schlechten Ruf kaum mehr los, den die erste Version ihr einmal eingebracht hat.

Also: *Plane eines für den Papierkorb; auf die eine oder andere Art machst du das sowieso.*

Das einzig Beständige ist die Veränderung selber

Hat man erst einmal erkannt, daß ein Pilotsystem und daraufhin eine Neuentwicklung mit veränderten Eigenschaften unumgänglich ist, kann es recht nützlich sein, gleich das gesamte Phänomen der Veränderung an sich zu betrachten. Der erste Schritt liegt darin, Veränderung als einen Teil unseres Lebens zu akzeptieren - sehen wir sie nicht als bedauerliche und ärgerliche Ausnahme. Cosgrove hat feinsinnig angemerkt, daß der Programmierer eher die Befriedigung der Bedürfnisse eines Benutzers liefert, als ein tatsächlich greifbares Produkt.

Und sowohl die wirklichen Anforderungen als auch die subjektive Wahrnehmung der Bedürfnisse durch den Benutzer verändern sich fortdauernd, während das Programm geschrieben, geprüft und benutzt wird.[3]

Selbstverständlich trifft das alles auch auf die Forderungen an jegliche Hardware zu, ob das nun neue Autos sind oder neue Computer. Aber die bloße Existenz eines greifbaren Objekts hält den Wunsch nach Änderungen in beherrsch- und quantifizierbaren Grenzen.

Der Konstrukteur eines Programmiersystems allerdings ist gerade wegen der Unsichtbarkeit und Fügsamkeit seines Produkts ständig der Forderung nach Änderungen ausgesetzt.

Es sei fern von mir zu behaupten, es müsse, solle oder könne nun jede Änderung in den Wünschen und Vorstellungen der Kunden auch in der Entwicklung ihren Niederschlag finden. Ganz offensichtlich müssen Schwellen errichtet werden, die desto höher sein sollen, je weiter das Projekt fortgeschritten ist - sonst würde man nie fertig.

Trotzdem - einige Veränderungen der ursprünglichen Konzeption werden sich kaum umgehen lassen, und es ist besser, darauf vorbereitet zu sein, als der irrigen Annahme zu erliegen, es werde schon alles gut gehen. Das Wirf-Eins-Weg-Konzept ist selber nichts anderes als die Anerkennung der Tatsache, daß der, der lernt, die Entwicklung ändern muß.

Plane das System auf Änderungen hin

Die verschiedenen Arten, ein System für solche Änderungen einzurichten, sind wohlbekannt und werden in der Literatur ausführlich besprochen - vielleicht mehr besprochen denn praktiziert. Es wird von sorgfältiger Modularisierung geschrieben, über ausschweifende Verwendung von Subroutinen, von einer präzisen und vollständigen Definition der Parameterübergaben und schließlich einer kompletten Dokumentation all dieser Dinge. Weniger augenscheinlich sind da schon die Forderungen nach standardisierten Aufrufsequenzen und tabellengestützten Techniken.

Das Wichtigste aber ist die Verwendung einer Hochsprache und selbstdokumentierender Methoden, um die Zahl der möglichen Fehler bei der Änderung einzuschränken. Auch die Einbindung von Standarddeklarationen erst zum Zeitpunkt der Compilierung ist bei Änderungen immens hilfreich.

Eine Aufgliederung der Veränderungen in mehrere Versionen ist ebenfalls von enormer Bedeutung - jedes Produkt sollte numerierte Versionen und jede Version ihren eigenen Zeitplan samt Fertigstellungstermin haben. Danach werden alle weiteren Änderungen in die nächste Version aufgenommen.

Plane die Organisation auf Änderungen hin

In Cosgroves Augen sollten die ganze Planung, Arbeitsabschnitte und der Zeitplan, um Änderungen zu ermöglichen, als unverbindlich betrachtet werden. Das geht viel zu weit - Programmierteams scheitern heutzutage bekanntlich nicht an zu viel Kontrolle durch die Manager, sondern eher an zu wenig davon.

Trotzdem berichtet er Erstaunliches. Er beobachtete nämlich, daß die Abneigung gegen die Dokumentation der Entwicklung nicht etwa Faulheit oder Zeitdruck zur Ursache hat. Vielmehr liegt es an der Scheu der Programmierer, sich mit Dingen aus dem Fenster zu lehnen, die ihrer Meinung nach noch nicht spruchreif sind. "Indem er eine Entwicklung dokumentiert, setzt der Programmierer sich allseitiger Kritik aus - er muß also in der Lage sein, alles zu verteidigen, was er schreibt. Wenn nun die Organisationsstruktur in irgendeiner Weise bedrohlich ist, wird nichts dokumentiert werden, bevor es absolut hieb- und stichfest ist."

Im Vergleich zu der Vorgehensweise bei Systemen fällt es bei Organisationen wesentlich schwerer, sie auf Veränderungen einzurichten. Jeder einzelne Mann muß dabei mit Aufgaben betraut werden, die ständig seinen Horizont erweitern, damit auch das gesamte Team gegebenenfalls flexibel reagieren kann. Bei jedem großen Projekt empfiehlt es sich für den Manager zudem, zwei oder drei Topleute in Reserve zu halten, die er dann jeweils dorthin entsenden kann, wo die Schlacht gerade am heftigsten tobt.

Der Veränderung des Systems muß sich natürlich auch das Management anpassen. Das bedeutet, daß der Boss seine Manager und den technischen Stab so flexibel und austauschbar wie möglich halten muß.

Die Hemmnisse dabei sind rein soziologischer Natur und müssen mit gleichbleibender Aufmerksamkeit bekämpft werden. Viele Manager nämlich halten ihre höherrangigen Mitarbeiter für "zu wertvoll", als daß sie bei "niederer" Programmierarbeit eingesetzt werden könnten. Außerdem genießen die Managertätigkeiten immer noch ein viel höheres Ansehen als die der Techniker. Dies wurde bei den Bell Labs z.B. einfach durch die Abschaffung aller Titel überwunden. Andere wiederum, wie IBM, schufen eine doppelte Karriereleiter (Bild 11.1). Die jeweiligen Sprossen der beiden Karrierewege sollten sich zumindest in der Theorie entsprechen.

Bild 11.1 Die doppelte Karriereleiter von IBM

Es ist ein Leichtes, den Leuten auf jeweils gleichen Sprossen auch gleiche Gehälter zu zahlen. Viel schwerer ist es da schon, ihnen auch zu gleich hohem Ansehen zu verhelfen. Ein Wechsel von der Technikerleiter auf eine entsprechende Stufe der Managerleiter sollte deshalb nie von einer Gehaltserhöhung begleitet werden - und er sollte immer als "Wechsel", nie als Beförderung gelten. Der umgekehrte Wechsel dagegen sollte immer eine Gehaltsverbesserung mit sich bringen; tiefverwurzelte Denkmuster müssen eben überkompensiert werden.

Manager sollten an Auffrischungskursen in Technik teilnehmen, ebenso wie die höherrangigen Techniker Nachhilfe in Managementfragen erhalten müssen. Zudem soll auch das Wissen um Zielsetzungen des Projekts, Fortschritte und Problem des Managements von allen leitenden Mitarbeitern geteilt werden.

Sofern es die vorhandene Begabung erlaubt, muß ein leitender Techniker auch immer in der Lage sein, die Aufgaben eines Managers zu übernehmen. Das gilt natürlich gleichermaßen für Manager, die ruhig bei der Konstruktion eines Programms mit Hand anlegen können. Das bedeutet sicherlich einen Haufen Extraarbeit, aber es lohnt sich.

Die Organisation von Programmierteams nach dem Ärztemodell ist ein Frontalangriff auf dieses Problem. Schließlich bewirkt sie, daß ein leitender Mitarbeiter sich nichts mehr dabei vergibt, wenn er mal selber Programme schreibt - die sozialen Hemmnisse, die ihn bis jetzt der Freude an der eigenen Kreativität beraubt haben, sind aus dem Weg geräumt.

Darüber hinaus verringert diese Struktur die Anzahl der Schnittstellen im System, was natürlich Veränderungen wesentlich erleichtert. Außerdem kann man relativ einfach ganze Teams mit geänderten Programmieraufgaben betrauen, wenn dies eine Reorganisation erfordert. So ist diese Struktur auch auf lange Sicht die Antwort auf das Problem der flexiblen Organisation.

Zwei Schritte vor und ein Schritt zurück

Ein Programm hört nicht etwa auf, sich zu verändern, nachdem es an den Benutzer ausgeliefert worden ist. Alle nach der Auslieferung vorgenommenen Veränderungen werden als Programmbetreuung bezeichnet - dieser Prozeß hat allerdings nichts mit dem zu tun, was wir Hardwarebetreuung nennen.

Bei Computersystemen z.B. besteht die Hardwarebetreuung im wesentlichen aus drei Tätigkeiten: dem Ersatz funktionsuntüchtiger Komponenten, Reinigen und Schmieren und dem nachträglichen Einbau technischer Änderungen zur Behebung von Fehlfunktionen des Systems (die meisten dieser Änderungen betreffen Implementierung oder Realisation, weniger die Architektur und sind für den Benutzer somit unsichtbar).

Die Programmbetreuung dagegen hat mit Reinigung, Schmieren oder dem Ersatz abgenutzter Teile natürlich nichts zu tun. Sie besteht im wesentlichen aus der Behebung von Fehlern an der Entwicklung selber. Weit häufiger, als dies bei der Hardware der Fall ist, werden diese Veränderungen auch den Einbau zusätzlicher Funktionen miteinschließen, die dann gewöhnlich auch für den Benutzer offensichtlich sind.

Die Kosten der Betreuung eines relativ weit verbreiteten Programms belaufen sich normalerweise auf vierzig oder mehr Prozent seiner Entwicklungskosten. Überraschend ist dabei die Abhängigkeit der Kosten von der Zahl der Benutzer. Aber das ist wohl einfach zu erklären - viele Benutzer finden auch viele Fehler.

Betty Campbell vom nuklearen Forschungslabor des MIT spricht von einem interessanten Zyklus im Leben einer beliebigen Version eines Programmes, der in Bild 11.2 illustriert ist. Fehler, die in vorausgegangenen Versionen eigentlich schon ausgemerzt waren, tauchen in den späteren oft wieder auf. Außerdem erweisen sich auch einige der neuen Funktionen als fehlerhaft. Das kann relativ schnell und einfach behoben werden, woraufhin auch alles eine Weile gut geht. Dann aber steigt die Fehlerrate erneut an. Miss Campbell führt dies hauptsächlich darauf zurück, daß die Benutzer nun auf einem Kenntnisstand angelangt sind, der ihnen die volle Ausschöpfung der neuen Möglichkeiten des Programms erlaubt. Dabei werden schließlich auch die versteckten und komplizierteren Fehler ans Tageslicht befördert.

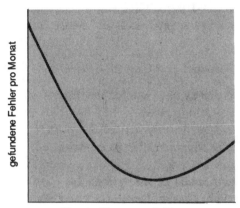

Bild 11.2 Auftauchen von Fehlern als Funktion des Versionsalters

Das größte Problem bei der Betreuung eines Programmes besteht darin, daß jede Instandsetzung sehr wahrscheinlich (20-50 Prozent) neue Fehler nach sich zieht. Deswegen bewegt man sich immer zwei Schritte vor und einen zurück.

Warum werden dann solche Defekte nicht direkt sauber behoben? Erstens, weil sich alle Fehler fast ausschließlich nur an einer bestimmten Stelle lokalisieren lassen - tatsächlich aber haben fast alle Auswirkungen auf das gesamte System. So kann jeder Versuch, das Programm mit geringem Aufwand instandzusetzen, allein die lokalisierbaren und offensichtlichen Fehler ausmerzen. Wenn die Struktur des Programms zudem nicht wirklich bis ins Letzte durchdacht und dokumentiert ist, werden die weitreichenden Effekte der Reparatur selber meistens außer Acht gelassen. Zweitens wird eine Reparatur in der Mehrzahl der Fälle nicht von dem Mann durchgeführt, der das Programm auch geschrieben hat, sondern von einem unerfahrenen Programmierer oder Trainee.

Während der Programmbetreuung kann sich also eine Unzahl neuer Fehler in das System einschleichen. Deswegen muß in diesem Fall die Überprüfung jedes hinzugefügten Befehls wesentlich aufwendiger sein als beim "normalen" Programmieren. Theoretisch müßten nach jeder Reparatur alle Prüfroutinen, die das System je durchlaufen hat, noch einmal angewendet werden - zur Sicherstellung, daß das Gesamtsystem keinen Schaden genommen hat. In der Praxis kommt solch ein *regressive testing* (rückwärts verlaufende Überprüfung, a.d.Ü.) dem theoretischen Ideal auch recht nahe; und es ist teuer.

Ganz offensichtlich wird sich jede Methode, die solche Nebeneffekte ausschließt oder doch zumindest berechenbar werden läßt, am Ende doppelt und dreifach bezahlt machen. Am besten wäre die Implementierung einer Entwicklung mit weniger Leuten, weniger Kommunikationsflächen und folglich weniger Fehlern im System selber.

Ein Schritt vor und ein Schritt zurück

Lehman und Belady haben die Entwicklung mehrerer direkt aufeinanderfolgender Versionen eines großen Betriebssystems untersucht.[6] Sie fanden dabei heraus, daß die Anzahl der Module mit jeder neuen Version linear ansteigt - die Anzahl der direkt betroffenen Module steigt dagegen exponentiell. Jede Instandsetzung fügt der Struktur Schaden zu, steigert damit die Entropie und Unordnung des Systems. Immer weniger Mühe kann auf die ursprünglichen Fehler des Programms verwendet werden; die nachträglich im Zuge der Reparatur eingebauten Mängel verlangen alle Aufmerksamkeit. Mit der Zeit gerät die Struktur des Systems zunehmend in Unordnung, bis man schließlich jeglichen Boden unter den Füßen verliert - jeder Schritt vorwärts wird umgehend von einem Schritt rückwärts zunichte gemacht. Obwohl es technisch eigentlich auf ewig nutzbar wäre, ist dem System damit die Basis des Fortschritts entzogen. Darüber hinaus sind Maschinen, Konfigurationen und Anforderungen der Kundschaft allenthalben einer ständigen Veränderung unterworfen; es muß unweigerlich ein brandneues, den Anforderungen entsprechendes System aus der Taufe gehoben werden.

Und so gelangen Belady und Leman über ein statistisches Modell der Programmiersysteme zu einer weit allgemeineren Sehweise des Problems, die durch das gesamte Weltwissen gestützt wird. "Besser als zu seinem Beginn kann kein Ding mehr werden," sagte Pascal. C. S. Lewis formulierte dies ein wenig feinsinniger:

> *Das ist der Schlüssel zur Geschichte. Ungeheure Energien werden aufgebracht, Zivilisationen aufgebaut - Unglaubliches wird geleistet; aber jedes Mal läuft etwas falsch. Irgendein fataler Umstand bringt die selbstsüchtigen und grausamen Leute an die Spitze, und alles wird wieder in Chaos und Ruin gestürzt. Tatsächlich scheint die Maschinerie zu kranken. Alles fängt vielversprechend an, läuft auch ein paar Meter und bricht dann doch zusammen.[7]*

Die Konstruktion eines Programmiersystems dient einer Einschränkung der Entropie, ist damit von Natur aus metastabil. Die Programmbetreuung als Prozeß steigert dagegen die Entropie - auch ihre noch so sorgfältige Ausführung kann nicht verhindern, daß das System nach geraumer Zeit nur noch Museumsreife hat.

12
Gutes Werkzeug

12
Gutes Werkzeug

Einen guten Handwerker erkennt man an seinem Werkzeug.

Sprichwort

A. Pisano "Lo Sculpture", aus der Campanile di Santa Maria del Fiore,
Florenz c. 1335
Scala, New York/Firenze und Foto Alinari, Firenze

Selbst heutzutage werden viele Programmierprojekte noch wie normale Werkstätten betrieben. Jeder Werkmeister verfügt über seinen persönlichen Satz an Werkzeugen, die sich im Laufe seines Lebens angesammelt haben und nun eifersüchtig verborgen und bewacht werden - die greifbaren Beweise seiner Fähigkeiten. Nach genau diesem Muster hortet auch der Programmierer seine Disketteneditoren, Sortierroutinen, binären Speicherauszüge, Tricks usw.

Bei einem Programmierprojekt aber ist ein solches Verhalten denkbar dumm. Erstens ist nun einmal die Kommunikation das größte Problem - derart individuelle Werkzeuge sind also eher hinderlich. Zweitens unterliegt die Technologie samt Maschinen und Arbeitssprachen einem ständigen Wechsel - die Lebenserwartung eines jeden Werkzeugs ist ziemlich gering. Schließlich ist es offensichtlich viel effizienter, allgemein benötigte Werkzeuge zentral entwickeln und warten zu lassen.

Diese generell verwendbaren Werkzeuge reichen allerdings nicht aus. Denn sowohl spezielle Bedürfnisse als auch persönliche Vorlieben erklären die Notwendigkeit spezialisierten Werkzeugs; folglich habe ich bei meiner Besprechung der Teamstruktur einen Werkzeugmeister pro Team gefordert. Dieser Mann beherrscht alle allgemeinen Werkzeuge und ist in der Lage, seinen Chef über deren Gebrauch aufzuklären. Zudem konstruiert er auch die von seinem Chef angeforderten Spezialwerkzeuge.

Der Manager eines Projekt muß seinerseits einen Rahmen und Mittel für die Herstellung der allgemeinen Werkzeuge zur Verfügung stellen. Gleichzeitig aber muß er auch die Notwendigkeit spezialisierter Werkzeuge anerkennen und darf seinen Teams die Konstruktion eigener Mittel keinesfalls mißgönnen. Eine derartige Mißgunst ist nicht ungefährlich. Man kann schnell der Vermutung erliegen, all die verstreut arbeitenden Meister wären doch im Schoß des zentralen Teams zur Werkzeugherstellung wesentlich besser aufgehoben. Dem aber ist nicht so.

Welche Werkzeuge hat der Manager nun in seine Projektphilosophie, die Planung und Organisation miteinzubeziehen? Zuerst natürlich eine *Computeranlage*. Dazu braucht man Maschinen samt einem darauf abgestimmten Nutzungsplan. Dann wäre da ein *Betriebssystem* samt der dazugehörigen Servicephilosophie. Schließlich braucht man auch eine *Sprache* samt den Richtlinien für ihren Gebrauch. Dazu kommen dann noch weitere "Utilities", Hilfsprogramme zur Fehlerbereinigung, *Testdatengeneratoren* und ein *Textverarbeitungssystem* zur Bearbeitung der Dokumentation. All dies soll im folgenden eines nach dem anderen ausführlich dargelegt werden.

Zielmaschinen. Der Maschinenpark wird sinnvollerweise in *Zielmaschine* und *Arbeitsmaschinen* gegliedert. Auf der Zielmaschine wird die Software geschrieben und letztendlich auch geprüft. Die Arbeitsmaschinen werden mit ihren Fähigkeiten in den Dienst der Entwicklung gestellt. Für den Fall, daß ein neues Betriebssystem für eine alte Maschine konstruiert wird, kann diese als Ziel- und als Arbeitsmaschine benutzt werden.

Was benutzt man, um das Ziel zu erreichen? Arbeitet ein Team an einem neuen Kontrollprogramm oder irgendeinem anderen Herzstück der Systemsoftware, wird es natürlich seine eigenen Maschinen benötigen. An denen wiederum müssen Operatoren und ein oder zwei Programmierer beschäftigt werden, um den Standard des Computers aktuell und beherrschbar zu halten.

Wenn eine separate Maschine benötigt wird, ist das eine ganz eigene Sache - sie muß nicht unbedingt schnell sein, aber einen Hauptspeicher von mindestens einer Million Byte, einen On-Line-Speicher mit mindestens hundert Millionen Byte und Terminals haben. Dies dürfen wiederum nur alphanumerische Terminals sein, die viel schneller sein müssen als die üblichen 15 Zeichen pro Sekunde, die z.B. eine Schreibmaschine leistet. Ein großer Speicher ist zudem von großem Nutzen, weil er Overlays und die Korrektur des Programmumfangs auch nach bereits erfolgter Funktionsüberprüfung erlaubt. Die Maschine für die Fehlerbereinigung bzw. ihre Software muß ebenfalls instrumentiert werden. So können alle möglichen Programmparameter während der Fehlerbereinigung gezählt und gemessen werden. Bitmuster zum Speichertest, als weiteres Beispiel, sind ein sehr wirkungsvolles Mittel zur Diagnose der Gründe von seltsam logischem Verhalten oder unerwartet niedriger Ausführungsgeschwindigkeit.

Der Zeitplan. Wenn die Zielmaschine neu ist oder ihr erstes Betriebssystem konstruiert wird, ist die Maschinenzeit äußerst knapp bemessen und der Zeitplan folglich ein wirkliches Problem. Die Nachfrage nach Bedienungszeit an den Arbeitsmaschinen hat eine ganz eigenwillige Wachstumskurve. Bei der Entwicklung des OS/360 hatten wir einen sehr guten System/360-Simulator und andere Arbeitsmaschinen zur Verfügung. Aus früherer Erfahrung wußten wir, wieviel Rechenzeit am S/360 uns erwartete, und so besorgten wir uns direkt aus der Produktion einige der ersten Modelle. Aber die wurden erst einmal nicht benutzt - und das monatelang. Dann allerdings waren alle 16 Systeme auf einen Schlag geladen, und plötzlich wurde die Rationierung zum Problem. Die Ausnutzungsquote sah ungefähr so aus wie in Bild 12.1 beschrieben. Alle Mitarbeiter begannen gleichzeitig mit der Fehlerbereinigung ihrer Komponenten, und fortan war annähernd die gesamte Belegschaft fast ausschließlich damit beschäftigt.

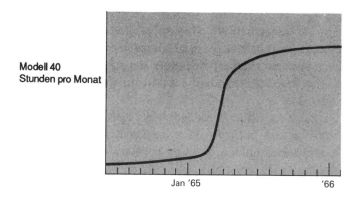

Modell 40
Stunden pro Monat

Jan '65   '66

Bild 12.1 Wachsende Benutzung der Zielmaschinen

So legten wir unsere Maschinen und die Bandbibliothek zusammen und stellten ein erfahrenes Maschinenraumteam auf die Beine, das den ganzen Betrieb übernahm. Um aus der knappen Betriebszeit des S/360 das Maximum herauszuholen, ließen wir die gesamte Fehlerbereinigung der einzelnen Komponenten jeweils hintereinander auf derjenigen Maschine laufen, die gerade frei und dazu in der Lage war. Zuerst versuchten wir es mit vier Läufen pro Tag (bei einer Verweildauer von zweieinhalb Stunden) und verlegten uns dann auf eine Verweildauer von vier Stunden. Als Hilfsmittel wurde eine 1401 samt Terminals eingesetzt, mit deren Beistand die Läufe zeitlich geordnet wurden. Außerdem koordinierte sie die unzähligen verschiedenen Aufgaben und überwachte die Einhaltung der Verweildauer.

Aber die ganze schöne Organisation erwies sich als recht sinnlos. Nach ein paar Monaten langer Verweildauer, gegenseitiger Beschuldigungen und anderer Qualen gingen wir dazu über, die Rechnerzeit in größeren Blöcken zu verteilen.

So wurde den fünfzehn Mann des Sortiererteams beispielsweise ein System gleich blockweise für vier bis sechs Stunden zugeteilt. Die Zeiteinteilung lag nun ganz bei ihnen - wenn sie nicht an dem System arbeiteten, hatte trotzdem kein Außenstehender Zugang dazu.

Das, so stellte sich heraus, war ein wesentlich bessere Art der Arbeits- und Zeiteinteilung. Vielleicht wurde die Ausnutzungsquote der Maschinen ein wenig gesenkt (tatsächlich war das nur selten zu beobachten), die Arbeitsleistung stieg jedenfalls rapide an. Für jeden Mann sind zehn Läufe in einem Block von sechs Stunden viel wertvoller als die gleiche Anzahl mit einer Unterbrechung von drei Stunden. Schließlich kann er ununterbrochen konzentriert arbeiten, was natürlich die Denkarbeit verkürzt und erleichtert. Nach solch einem Gewaltakt brauchte das Team dann gewöhnlich ein bis zwei Tage, um den angefallenen Papierkram aufzuarbeiten - erst danach suchten sie um neuerliche Zuteilung einer Maschine nach. Häufig können bis zu drei Programmierer einen Zeitblock untereinander aufteilen und dabei trotzdem fruchtbare Ergebnisse zeitigen. Alles in allem scheint mir das der beste Weg zur Ausnutzung einer Zielmaschine bei der Fehlerbereinigung eines neuen Systems zu sein.

In der Praxis ist das immer so gewesen, in der Theorie dagegen nie. Die Fehlerbereinigung eines Systems war zu allen Zeiten Nachtarbeit, etwa wie die Astronomie. Vor zwanzig Jahren, bei der Arbeit an der 701, lernte ich die Produktivität der inoffiziellen Stunden vor Sonnenaufgang kennen und schätzen - zu dieser Uhrzeit lagen die Chefs des Maschinenraums noch in süßen Träumen und die Operatoren nahmen es mit den Regeln nicht allzu genau. Mittlerweile haben wir drei Generationen von Maschinen kommen und gehen sehen; die Technologie hat sich verändert; Betriebssysteme traten auf den Plan; und immer noch ist dies die bevorzugte Arbeitsmethode. Sie bleibt einfach deshalb unverändert bestehen, weil sie so fruchtbar ist - es ist an der Zeit, das anzuerkennen.

Arbeitsmaschinen und Datenservice

Simulatoren. Für einen neuen Zielcomputer braucht man einen logischen Simulator. Dadurch erhält man eine Möglichkeit zur Fehlerbereinigung, lange bevor die Zielmaschine fertiggestellt ist. Außerdem sind dann auch gleich *zuverlässige* Fehlersuchroutinen vorhanden, wenn das Ziel erst mal erreicht ist.

Zuverlässig heißt dabei aber nicht *akkurat* - der Simulator wird sicherlich nicht in allen Belangen eine wirkliche und akkurate Implementierung der Architektur unserer neuen Maschine sein können. Aber er simuliert Tag für Tag dieselbe Implementierung, was die neue Hardware nicht leisten kann.

Heutzutage können wir wohl davon ausgehen, daß unsere Computerhardware durchgängig zuverlässig arbeitet. Deswegen ein Rat an alle Programmierer: Wenn ein System bei mehreren Läufen unterschiedliche Ergebnisse erbringt, ist man gut beraten, die Fehler nicht in der Maschine, sondern im eigenen Programm zu suchen.

Diese Erfahrung läßt sich allerdings nicht auf die Programmierung neuer Hardware übertragen. Hardware direkt aus dem Labor, aus der Vorserienproduktion, funktioniert eben nicht so, wie man es sich wünscht, ist *nicht* zuverlässig und verändert sich täglich. Sobald ein Fehler ausfindig gemacht worden ist, werden alle schon gebauten Modelle entsprechend geändert, einschließlich der Computer, an denen die Programmierteams arbeiten. Diese schwankende Grundlage allein ist schon schlimm genug - ein (leider meist) periodisches Versagen der Hardware ist noch schlimmer. Aber Unsicherheit ist das Schlimmste überhaupt, denn sie raubt dem Programmierer jeden Ansporn, seinen Code sorgfältig nach Fehlern zu durchforsten - es kann schließlich sein, daß gar keiner da ist. Deswegen ist ein Simulator auf einem ausgereiften System auch in den späteren Stadien eines Projektes nützlicher, als man dies gemeinhin glauben mag.

Arbeitsmaschinen für Compiler und Assembler. Aus denselben Gründen braucht man eher Compiler und Assembler, die auf verläßlichen Arbeitsmaschinen laufen, als einen compilierten Objectcode für das Zielsystem. So kann bereits auf dem Simulator mit der Fehlerbereinigung begonnen werden.

Die Fehlerbeseitigung kann durch die Compilierung und Überprüfung des Objectcodes auf einer Arbeitsmaschine sehr erleichtert werden, schon bevor man mit den Tests am Code des Zielsystems überhaupt beginnt. Das eröffnet natürlich alle Vorteile einer umgehenden Ausführung, eher noch als die einer Simulation, und das kombiniert mit der Zuverlässigkeit einer schon stabilisierten Maschine.

Programmbibliotheken und Buchhaltung. Bei der Entwicklung des OS/360 wurde eine Arbeitsmaschine auch sehr erfolgreich zur Erstellung und Wartung einer Programmbibliothek eingesetzt. W. R. Crowley hatte ein System entwickelt, das aus zwei miteinander verbundenen Maschinen des Typs 7010 bestand und über eine umfangreiche diskettengestützte Dateiorganisation sowie einen S/360 Assembler verfügte. Sowohl der schon geprüfte als auch der noch in der Fehlersuche befindliche Code wurden hier gespeichert - der Quellcode und die mit Assembler geladenen Module. Außerdem war die Bibliothek in mehrere Subdateien mit jeweils eigenen Zugriffsregeln unterteilt.

Jede Programmiergruppe verfügte über einen Bereich für die Kopien all ihrer Programme, alle Probeläufe und das Gerüst der Komponententests. Auf dieser Spielwiese gab es für die Programmierer keinerlei Beschränkungen - sie konnten machen, was sie wollten.

Wenn ein Programmierer seine Komponente dann fertiggestellt hatte, sie also in ein System integriert werden konnte, übergab er dem Manager dieses Systems eine Kopie des Programmes. Der wiederum nahm es schließlich in seine *System-Integrations-Subbibliothek* auf. Von diesem Moment an hatte der Programmierer keine Möglichkeit mehr, sein eigenes Programm zu verändern, es sei denn, er hätte dazu die ausdrückliche Genehmigung des Integrationsmanagers eingeholt. Dessen Aufgabe war es nun, das System allen möglichen Überprüfungen zu unterziehen, sowie Fehler zu finden und zu eliminieren. Auf diese Art wurde das System weiter und weiter ausgedehnt, bis es dann endlich reif war, in die *aktuelle Versions-Subbibliothek* aufgenommen zu werden.

In diesem Zustand war das Programm sakrosankt - es wurde nur noch angetastet, wenn wirklich schwerwiegende Fehler auftauchten. Das Programm konnte jetzt integriert und bei der Überprüfung aller neuen Modulversionen eingesetzt werden. Auf einer 7010 wurden in einem Programmverzeichnis sämtliche Versionen aller Module, ihr Status, ihre Position und alle Veränderungen registriert.

Zwei Gesichtspunkte sind hier von gesteigertem Interesse. Erstens ist da die *Kontrolle*, die Idee, daß nur *ein* Manager die Verfügungsgewalt über die gesammelten Programme hat und daß nur er Veränderungen daran autorisieren kann. Der zweite Gesichtspunkt liegt in der *formalen Trennung* und der Abfolge von Spielwiese, Integration und Freigabe.

Meiner Meinung nach war dies eines der am besten gelösten Probleme des ganzen Unternehmens OS/360. Es handelt sich um einen Teilbereich der Managementmethodik, den die Bell Labs, ICL und die Cambridge University an ihren Großprojekten unabhängig voneinander entwickelt haben.[2] Anwendbar ist diese Methodik sowohl auf die Dokumentation, als auch auf Programme. Als solche ist sie unentbehrlich.

Die Programmwerkzeuge. Mit dem Auftauchen neuer Methoden zur Fehlersuche ändert sich auch dieses Feld fortwährend, was aber nicht heißt, daß die alten Werkzeuge gänzlich von der Bildfläche verschwinden. Auch heute noch braucht man Dumps, Editoren für den Quellcode, Schnappschüsse des Hauptspeichers und sogar Verfolger.

Ebenso wird weiterhin ein ganzer Satz von Dienstprogrammen benötigt, um interne Datensätze auf Disketten zu speichern, Bandkopien anzufertigen, Dateien auszudrucken und Verzeichnisse zu ändern. Wenn man frühzeitig einen Projekt-Werkzeugmacher einschaltet, kann all dies rechtzeitig hergestellt werden und steht dann im Bedarfsfall auch zur Verfügung.

Das Dokumentationssystem. Ein Textverarbeitungssystem auf einer zuverlässigen Arbeitsmaschine kann sehr wohl das Werkzeug sein, das bei einem Großprojekt letztendlich die meiste Arbeit einspart. Wir verfügten über ein sehr brauchbares, das von J. W. Franklin erdacht worden war. Ohne seine Hilfe wäre die Dokumentation viel später fertig geworden und vor allem kaum lesbar gewesen. Kritiker mögen hier natürlich einwenden, daß das Zwei-Meter-Regal voller Handbücher zum OS/360 nichts anderes als das Produkt verbalen Durchfalls sei, daß der schiere Umfang an sich eine neue Art der Unlesbarkeit bedinge. Und da ist etwas dran.

Ich möchte gleich zweifach darauf antworten. Erstens ist die Masse der OS/360-Dokumentation sicherlich überwältigend, aber die Inhaltsangabe ist sehr sorgfältig erstellt worden. So ist es einfach, Uninteressantes außer acht zu lassen. Man sollte die Dokumentation des OS/360 eher als Bibliothek oder Enzyklopädie betrachten, denn als eine Sammlung obligatorischer Texte.

Zweitens ist diese Vorgehensweise der weitgehenden "Unterdokumentation" anderer Programmiersysteme vorzuziehen. Allerdings bin auch ich der Meinung, daß die Dokumentation stilistisch an einigen Stellen verbesserungsfähig wäre. Ein besserer Schreibstil könnte den Umfang sicherlich verringern. Einige Kapitel (z.B. *Concepts and Facilities*) sind aber auch jetzt schon sehr gut geschrieben.

Der Leistungssimulator. Man sollte wirklich einen haben. Baue ihn von außen nach innen, wie es im folgenden Kapitel besprochen wird. Benutze für den Leistungssimulator, den logischen Simulator und das Produkt dieselbe Art der Entwicklung von oben nach unten. Höre darauf, was er Dir sagt.

Hochsprachen und interaktives Programmieren

Die beiden heute wichtigsten Werkzeuge des Systemprogrammierens wurden bei der Entwicklung des OS/360 vor fast zehn Jahren noch nicht benutzt. Eigentlich haben sie auch heutzutage noch keine allzu weite Verbreitung gefunden, aber alle Erkenntnisse belegen ihre Kraft und Vielseitigkeit. Es sind (1) Hochsprachen und (2) interaktive Programmierung. Ich bin fest davon überzeugt, daß allein Trägheit und Faulheit die universelle Verwendung dieser Werkzeuge verhindern - technische Hindernisse können als Entschuldigung nicht mehr gelten.

Die Hochsprache. Die größten Vorteile der Hochsprachen liegen in ihrer Produktivität und der Schnelligkeit bei Fehlersuche - ihre Auswirkungen auf die Produktivität wurden schon in Kapitel 8 besprochen. Grundsätzlich verfügen wir zu diesem Punkt nur über wenig statistisches Material, aber unsere mageren Kenntnisse deuten auf eine wesentliche Leistungssteigerung hin, nicht nur auf eine schritt- und prozentweise Verbesserung.

Die Leistungssteigerung bei der Fehlersuche hat zwei Gründe: einmal gibt es einfach weniger Fehler, zum anderen sind sie leichter zu lokalisieren. Weniger sind es, weil eine ganze Arbeitsebene, auf der Fehler gemacht werden können, ausgelassen werden kann - eine Ebene nämlich, auf der nicht nur syntaktische, sondern häufig auch semantische Fehler auftauchen können. Einfacher zu finden sind sie schließlich, weil die Compiler-Diagnose bei der Suche eine große Hilfe ist, und - vielleicht noch wichtiger - weil ohne Schwierigkeiten Schnappschüsse für die Fehlersuche zwischengeschaltet werden können.

In meinen Augen sind diese Vorteile bei Fehlersuche und Produktivität einfach überwältigend. Ja, es fällt mir wirklich schwer, mir den Bau eines Programmiersystems in Assemblercode vorzustellen.

Was ist aber zu den klassischen Einwänden gegen diese Hilfsmittel zu sagen? Es gibt deren drei: Sie lassen mich nicht machen, was ich will. Der Objectcode ist zu umfangreich. Der Objectcode ist zu langsam.

Ich glaube nicht, daß die Einwände gegen vermeintliche Einschränkungen heute noch berechtigt sind. Mittlerweile kann man auch mit Hochsprachen machen, was man will - aber es kostet viel Mühe, herauszufinden wie es geht, und manchmal wird man auch zu einer unschönen List greifen müssen.[3,4]

Was nun das Problem des Speicherplatzes betrifft, sind die neuen optimierenden Compiler schon sehr vielversprechend; weitere Verbesserungen sind zu erwarten.

Bleibt die Geschwindigkeit der Hochsprachen: Hier sorgt der optimierende Compiler für einen teilweise schnelleren Code, als dies ein Programmierer mit Assembler leisten könnte. Darüber hinaus können Probleme mit der Geschwindigkeit gewöhnlich dadurch gelöst werden, daß ein bis fünf Prozent des Codes nachträglich durch Maschinensprache ersetzt werden - das aber natürlich erst nach einer gründlichen Fehlerbereinigung des Systems.[5]

Welche Hochsprache empfiehlt sich nun dem Systemprogrammierer? Mir scheint PL/I der einzig vernünftige Kandidat zu sein.[6] Diese Sprache verfügt über eine sehr weit gefächerte Palette von Funktionen und paßt einfach in die Umgebung eines Betriebssystems. Außerdem werden für sie mehrere Compiler angeboten, von denen einige interaktiv, einige sehr schnell, einige diagnostisch arbeiten, andere wiederum einen hochoptimierten Code liefern. Ich persönlich finde es einfacher und schneller, meine Algorithmen in APL auszuarbeiten und sie dann in PL/I zu übertragen, sie also der entsprechenden Systemumgebung anzupassen.

Interaktives Programmieren. Einen Teil seiner Berechtigung erfuhr das Multics-Projekt des MIT durch seine Anwendbarkeit auf den Bau von Programmiersystemen. Multics (und später das TSS von IBM) unterscheidet sich genau in den für die Systemprogrammierung wichtigen Punkten von allen anderen interaktiven Computersystemen: Viele Ebenen, auf denen Daten und Programme ausgetauscht sowie geschützt werden, umfangreiches Dateimanagement und die Möglichkeit zur Zusammenarbeit mehrerer Terminalbenutzer. Ich bin fest davon überzeugt, daß interaktive Systeme in vielen Bereichen den in Reihe geschalteten ("batch") nicht den Rang ablaufen können. So hat Multics seine Lorbeeren auch hauptsächlich in Bezug auf Systemprogrammierung verdient.

Allerdings gibt es noch nicht viele Belege für die wirkliche Fruchtbarkeit dieser ansonsten sehr überzeugenden Hilfsmittel. Tatsächlich wird gemeinhin anerkannt, daß die Fehlersuche den schwierigen und langsamen Teil der Systemprogrammierung darstellt, die Langsamkeit ist ihr Fluch. Folglich scheint die Logik hinter der Idee des interaktiven Programmierens unumstößlich zu sein.[7]

Programm	Umfang	Batch (B) oder Interaktiv (I)	Befehle/ Mannjahr
ESS Code	800.000	B	500 - 1000
7094 ESS Support	120.000	B	2100 - 3400
360 ESS Support	32.000	I	8000
360 ESS Support	8.300	B	4000

Bild 12.2 Produktivitätsvergleich "Batch" / interaktive Programmierung

Diese Ansicht wird durch Berichte von Leuten gestützt, die nach dem beschriebenen Prinzip kleine Systeme oder Systemteile konstruiert haben. In Bezug auf die Programmierung großer Systeme kenne ich lediglich die Zahlen, die John Harr von den Bell Labs zur Verfügung stellt (s. Bild 12.2). Seine Daten beziehen sich auf das Schreiben von Programm und Assembler, sowie auf die Fehlersuche. Das erste Programm ist dabei ein Kontrollprogramm, die anderen drei sind Editoren, Sprachübersetzer und ähnliches. Alles in allem belegen Harrs Daten, daß interaktives Programmieren die Produktivität der Programmierer ungefähr verdoppelt.[8]

Der effektive Einsatz fast aller interaktiven Hilfsmittel setzt die Verwendung einer Hochsprache voraus - Fernschreiber- und Schreibmaschinenterminals können zur Fehlersuche durch die Entleerung des Speichers nicht eingesetzt werden. Mit Hilfe einer Hochsprache kann der Quellcode leicht aufgearbeitet werden, selektive Ausdrucke sind ohne weiteres möglich. Zusammen bilden Hochsprache und interaktives Programmieren einen Satz wirklich guten Werkzeugs.

13
Das Ganze und seine Teile

13
Das Ganze und seine Teile

Ich kann die Geister rufen aus unermeßlichen Tiefen.

Aber das kann ich, und so kann es jedermann; nur, werden sie auch kommen, wenn du sie rufst?

Shakespeare, King Henry IV

Die moderne Magie hat genauso wie die alte ihre Prahlhanse: "Ich kann Programme schreiben, mit denen man den Luftverkehr kontrollieren, Raketen abfangen, Konten ausgleichen und Fließbänder überwachen kann." Darauf kann man nur antworten: "Das kann ich auch, und so kann es jedermann; nur, werden sie auch funktionieren, wenn du sie schreibst?"

Wie schreibt man eigentlich ein funktionstüchtiges Programm? Wie überprüft man es? Und wie integriert man einen getesteten Satz von Komponenten in ein geprüftes und zuverlässiges System? Die entsprechende Methodik ist schon hier und da angesprochen worden - jetzt soll sie einer systematischeren Betrachtung unterzogen werden.

Vermeidung von Fehlern durch entsprechendes Design

Die Definition wird fehlersicher gemacht. Die wirklich bösartigen und verborgenen Fehler sind diejenigen im System, die allein durch widersprüchliche Arbeitsgrundlagen der Programmierer einzelner Systemkomponenten entstehen. Meine Vorschläge zur Geschlossenheit des Konzeptes in den Kapiteln 4, 5 und 6 sind direkt auf eben dieses Problem zugeschnitten. Denn, um es kurz zu fassen, ein geschlossenes Konzept erleichtert nicht nur die Bedienung des Produkts, es erlaubt auch eine wesentlich unkompliziertere Vorgehensweise bei der Konstruktion und läßt weniger Fehler zu.

Dem gleichen Zweck dienen auch die mühsamen Anstrengungen anderer Architekten. V. A. Vyssotsky vom "Safeguard-Projekt" der Bell Telephone Laboratorien sagt dazu: "Die grundsätzliche Aufgabe besteht in einer Definition des Produktes. Viele, viele Mißerfolge haben ihre Ursache gerade in den Punkten, die nie richtig spezifiziert worden waren."[1] Eine sorgfältige Definition der Funktion und eine ebenso sorgfältige Spezifikation sind die Grundlage des Erfolgs. Nur ein disziplinierter Exorzismus aller funktionalen Mängel und der Masse unterschiedlicher Methoden wird die Anzahl der Systemfehler reduzieren, mit der man zu rechnen hat.

Die Überprüfung der Spezifikation. Schon lange bevor am Code tatsächlich geschrieben wird, muß die Spezifikation einer unbeteiligten Gruppe zur Überprüfung der Klarheit und Vollständigkeit überantwortet werden. Wie Vyssotsky sagt, können die an der Entwicklung Beteiligten dies keinesfalls selber machen: "Sie werden nicht zugeben, daß sie etwas nicht verstehen; sie werden sich vielmehr mit allem Spaß ihren eigenen Weg durch die Lücken und Merkwürdigkeiten suchen."

Die Entwicklung von oben nach unten. 1971 formalisierte Niklaus Wirth eine Vorgehensweise bei der Entwicklung, die von den besten Programmierern in der Tat schon seit Jahren verfolgt wurde.[2] Obwohl eigentlich nur auf die Entwicklung kleiner Programme bezogen, können seine Vorstellungen auch auf komplexe Systeme von Programmen angewendet werden. Eine der wesentlichen Grundlagen seiner Erkenntnisse ist die strikte Trennung von Architektur, Implementierung und Realisierung - diese wiederum können bestmöglich in einer Art Entwicklung von oben nach unten bewältigt werden.

Kurz gesagt begreift Wirth eine Entwicklung als Abfolge mehrerer *Verfeinerungsstufen.* Zuerst wird die Aufgabe grob skizziert, dann ein Lösungsweg überlegt, der zu einem vorläufigen Ergebnis führt. Daraufhin wird die Definition einer genaueren Untersuchung unterzogen, um herauszufinden, inwieweit sich dieses Ergebnis von dem unterscheidet, was man eigentlich anstrebt. So unterteilt man die grobe Skizze in immer feinere Stufen. Jede Verfeinerung der Definition der Aufgabe wird gleichzeitig eine Aufschlüsselung des Lösungsalgorithmus selber - dies kann wiederum von einer Verfeinerung der Datenrepräsentation begleitet werden.

Dieser Prozeß isoliert Lösungs- oder Daten*module*, die unabhängig vom Rest der Arbeit weiter verfeinert werden können. Das Ausmaß dieser Modularität bestimmt die Anpassungsfähigkeit und die Wandelbarkeit des Programms.

Wirth empfiehlt, jede Stufe so allgemein wie nur möglich zu halten - nur die Konzepte werden herausgehoben, die Details müssen verborgen bleiben, bis eine weitere Auflösung notwendig wird.

Richtig durchgeführt verhindert die Entwicklung von oben nach unten Fehler in mannigfaltiger Weise. Erstens vereinfacht die Klarheit von Struktur und Darstellung die präzise Formulierung der Zielvorgaben und Funktionen. Zweitens vermeidet man durch die Aufteilung und Unabhängigkeit der Module Systemfehler. Drittens macht die Ausgrenzung unwichtiger Details Mängel an der Entwicklung transparenter. Viertens kann das Programm auf jeder der Verfeinerungsstufen überprüft werden - die Tests beginnen also früher und können sich auf das angemessene Maß an Detailliertheit konzentrieren.

Allerdings bedeutet ein solcher Prozeß der schrittweisen Verfeinerung nicht etwa, daß man nun in der Entwicklung nie mehr zurückgehen müßte, daß man nie das Ganze noch einmal umwerfen und von neuem beginnen müßte, wenn sich irgendwelche Schwierigkeiten ergeben. Tatsächlich kommt das recht häufig vor. Aber es ist eben viel leichter zu sehen, wann eine grob skizzierte Entwicklung denn verworfen werden muß, die Arbeit also noch einmal von vorne beginnt. Viele schlechte Systeme konnten nur entstehen, weil versucht worden ist, ein unzureichendes Basisdesign durch kosmetisches Flickwerk zu retten. Eine Entwicklung von oben nach unten verringert diese Versuchung.

Ich bin der festen Überzeugung, daß die Entwicklung von oben nach unten die für das Feld des Programmierens wichtigste Entdeckung des letzten Jahrzehnts darstellt.

Strukturierte Programmierung. Ein weiterer wichtiger Ansatz zur Vermeidung von Fehlern im Programmen stammt im wesentlichen von Dijkstra,[3] der seinerseits auf eine theoretische Struktur von Böhm und Jacopini zurückgeht.[4]

Grundsätzlich geht es darum, Programme so anzulegen, daß ihre Kontrollstruktur nur über Schleifen definiert wird - gemeint sind Befehle wie DO WHILE und konditionale Abschnitte, die in Befehlsgruppen mit Klammern gekennzeichnet und durch ein IF...THEN...ELSE bedingt werden. Die theoretische Anwendbarkeit dieser Strukturen wird durch Böhm und Jacopini belegt; die Alternative, eine Verzweigung via GO TO, führt laut Dijkstra mehr oder weniger automatisch zu fehlerbehafteten Strukturen.

Diese Theorie hat sicherlich eine solide Grundlage - aber natürlich hat sich auch Kritik geregt. So wurden zusätzliche Kontrollstrukturen wie die Mehrweg-Verzweigung (der sogenannte CASE-Befehl) zur Unterscheidung mehrerer Möglichkeiten vorgeschlagen - der

"Katastrophenausweg" GO TO ABNORMAL END zielt in die gleiche Richtung. Zudem sind einige Kollegen über den Gebrauch von GO TO-Befehlen mittlerweile regelrecht doktrinär geworden und lehnen sie rundweg ab, was natürlich weit übertrieben ist.

Der wichtige Punkt aber, und geradezu unerläßlich bei der Konstruktion fehlerfreier Programme, liegt darin, daß wir die Kontrollstrukturen als System verstehen sollten, nicht etwa als individuelle Kreuz- und Quersprünge.

Die Fehlersuche bei Komponenten

Bei der Methodik zur Fehlerbereinigung von Komponenten hat man sich in den vergangenen zwanzig Jahren im Kreise gedreht und ist heute eigentlich wieder da, wo man einmal angefangen hatte. Dieser Kreis wurde in vier Abschnitten durchlaufen - ihn zu verfolgen und die einzelnen Stufen zu erklären, entbehrt nicht einer gewissen Tragikomik.

Auf der Zielmaschine selbst. Die ersten Computer verfügten über relativ beschränkte Möglichkeiten zur Ein- und Ausgabe, zudem ergaben sich große Verzögerungen zwischen Aktion und Reaktion. Es war üblich, daß die Maschinen Lochkarten oder Magnetband lasen und beschrieben, wobei zur Bearbeitung des Bandes und zum Lochen der Karten Einrichtungen benutzt wurden, die nicht direkt mit der Maschine verbunden waren. Ein- und Ausgaben auf Band waren bei der Fehlersuche praktisch unmöglich - also wurde der Konsolendrucker dazu benutzt. Man bemühte sich, pro Durchlauf möglichst viele Versuche zu starten und möglichst viele Ergebnisse zu erhalten.

Der Programmierer mußte also äußerst sorgfältig an die Fehlersuche herangehen - er hatte zu planen, wo er aufhören mußte, welche Speicheradressen zu untersuchen waren, was er dort zu finden hoffte und was zu tun sei, wenn er es dort nicht fand. Er hatte sich also gewissermaßen selber als "Fehlersuchmaschine" zu programmieren - das konnte mitunter halb so lange dauern, wie die eigentliche Konstruktion des Programms, das er von seinen Fehlern befreien wollte.

Der schrecklichste Fehler war, mutig auf den Startknopf zu drücken, ohne das Programm vorher in Prüfsegmente mit vorgegebenen Stopps zu unterteilen.

Der Dump des Hauptspeichers. Die Fehlersuche auf der Zielmaschine war - eine entsprechende Planung vorausgesetzt - sehr effektiv, eine Laufzeit von zwei Stunden ergab im Schnitt 12 Testläufe. Aber Computer waren rar und teuer, und der Gedanke, all die schöne Rechenzeit zu verschwenden, war den meisten Leuten zuwider.

Als schließlich Hochgeschwindigkeitsdrucker direkt angeschlossen werden konnten, änderte man folglich die Methodik. Man ließ ein Programm so lange laufen, bis ein Check fehlschlug und entleerte daraufhin den ganzen Speicher. Damit begann die aufwendige Schreibtischarbeit; der Inhalt jeder Speicheradresse mußte nachgeprüft werden. Der Aufwand unterschied sich nicht sonderlich von dem der vorigen Methodik - nur verlagerte er sich von der Planung *vor* dem Testlauf auf eine Untersuchung *danach*. Die Fehlersuche dauerte jetzt wesentlich länger, weil die Anzahl der Probeläufe von der Abfolge der Verweilzeiten abhängig war. Die ganze Prozedur diente aber trotzdem einer Verringerung der Arbeitszeit am Computer selber und ließ viele Programmierer zum Zuge kommen.

Schnappschüsse. Die Maschinen, auf denen der Speicherdump entwickelt wurde, hatten eine Kapazität von 2000-4000 Befehlen (8 bis 16 KByte). Aber die Speichergrößen wuchsen praktisch von Tag zu Tag, was natürlich die Entleerung des gesamten Speichers als nicht mehr so wünschenswert erscheinen ließ. Also machte man sich daran, Techniken für selektive Dumps und Verfolger zu entwickeln - die direkt in Programme eingefügten Schnappschüsse fallen auch in diese Zeit. Das TESTRAN des OS/360 ist in dieser Richtung das Ende der Fahnenstange, erlaubt es doch die Einfügung von Schnappschüssen ohne neuerliche Übersetzung oder Compilierung.

Interaktive Fehlersuche. Im Jahre 1959 berichteten sowohl Codd und seine Mitarbeiter[5] als auch Strachey[6] über Arbeiten. die auf eine Fehlersuche im Time-Sharing-Verfahren ausgerichtet waren - ein Weg also, der die kurze Verweildauer der Schnappschußtechnik und die effektive Maschinenausnutzung der sequentiellen Testläufe in sich vereinigte. Der Computer sollte eine Vielzahl von jederzeit abrufbaren Programmen im Speicher haben. Ein nur von einem Programm gesteuerter Terminal sollte mit jedem Programm verbunden werden, das zur Fehlerbereinigung anstand - die Fehlersuche selber wurde von einem Überwachungsprogramm kontrolliert. Für den Fall, daß der Programmierer das Programm unterbrechen sollte, um den Fortgang der Arbeit zu kontrollieren oder Änderungen anzubringen, sollte das Überwachungsprogramm ein anderes Programm aufrufen, damit die Maschine nicht untätig sein mußte.

Codds Multiprogrammiersystem wurde auch entwickelt, aber der Schwerpunkt lag auf der Verbesserung des Datendurchlaufs durch einen effizienten Einsatz der Ein- und Ausgaben. Die interaktive Fehlersuche selber wurde nicht implementiert. Stracheys Ideen dagegen wurden 1963 von Corbato und seinen Kollegen am MIT in einer verbesserten Form in ein Experimentalsystem für die 7090 implementiert. Diese Entwicklung mündete dann schließlich im MULTICS und dem TSS sowie anderen modernen Time-Sharing-Systemen.

Für den Benutzer von Bedeutung ist vor allem ein Unterschied zwischen der Fehlersuche alter Art und der interaktiven Methode, die heutzutage angewendet wird: Er besteht in den Möglichkeiten, die das Kontrollprogramm samt den damit verbundenen Sprachinterpretern eröffnet - man kann in einer Hochsprache sowohl programmieren als auch Fehlersuche betreiben. Die effizienten Einrichtungen zur Datenaufbereitung vereinfachen darüber hinaus Änderungen und Schnappschüsse.

Die Rückkehr zur kurzen Verweildauer der Fehlersuche auf der Zielmaschine selbst hat bis jetzt keine Rückbesinnung auf die im voraus geplanten Durchläufe der Fehlerbereinigung mit sich gebracht. In gewissem Sinne ist diese Vorausplanung auch nicht so wichtig wie früher, denn es wird ja keine Rechnerzeit verschwendet, während man am Schreibtisch über seinen Ergebnissen brütet.

Aber dennoch beweisen Golds interessante Experimente, daß beim ersten Durchlauf einer interaktiven Fehlersuche etwa dreimal mehr Fortschritte erzielt werden als bei allen nachfolgenden Interaktionen.[8] Das deutet stark darauf hin, daß wir einen großen Teil des Potentials der interaktiven Fehlersuche nicht nutzen, weil wir die Durchläufe nicht im voraus planen. Es ist wohl an der Zeit, die guten alten Techniken wieder aus der Mottenkiste zu holen.

Meiner Meinung nach bedingt die richtige Ausnutzung eines Terminalsystems jeweils zwei Stunden Schreibtischarbeit für zwei Stunden, die man am Terminal selber zubringt. Die Hälfte dieser Zeit wird auf die Überarbeitung der Ergebnisse des letzten Rechnerlaufs verwendet: die Aktualisierung des Fehlerlogbuchs, die Ablage aktualisierter Programmlistings, die Erklärung merkwürdiger Phänomene. Die andere Hälfte gilt der Vorbereitung: der Planung von Änderungen und Verbesserungen und der Entwicklung detaillierter Prüfroutinen für den nächsten Durchlauf. Ohne eine solche Planung ist es kaum möglich, über zwei Stunden wirklich produktiv zu arbeiten - ohne die Aufbereitung der gewonnenen Daten ist es kaum möglich, die Reihe der Läufe am Terminal systematisch in einer Richtung voranzutreiben.

Prüfroutinen. Hierzu, ebenso wie zur Entwicklung tatsächlicher Prozeduren zur Fehlersuche, möchte ich besonders Gruenberger empfehlen.[9] Kürzere Darstellungen finden sich auch in anderen Standardtexten.[10,11]

Die Fehlersuche im System

Unerwartete Schwierigkeiten beim Bau eines Programmiersystems treten besonders bei der Überprüfung des Systems auf. Einige der Gründe für dieses Phänomen habe ich bereits angesprochen. Ich behaupte, daß die Überprüfung eines Systems immer länger dauern wird als man erwartet - die Schwierigkeiten dabei rechtfertigen eine systematische und planvolle Annäherung an das Problem. Betrachten wir im Folgenden, was eine solche Annäherung alles mit sich bringt.[12]

Benutze fehlerbereinigte Komponenten. Der gesunde Menschenverstand, wenn nicht die tägliche Praxis, sollte einem sagen, daß die Fehlersuche am kompletten System nur dann beginnen kann, wenn bereits funktionstüchtige Teile verwendet werden.

Davon weicht man in der Praxis allerdings gemeinhin ab. Zuerst ist da der setze-es-zusammen-und-versuch-es-einfach Ansatz. Er scheint untrennbar mit der Vorstellung verbunden zu sein, daß zusätzlich zu den Fehlern in den Komponenten auch Fehler im System (d.h. an den Schnittstellen) auftauchen können. Je früher man also das System zusammensetzt, desto eher werden auch die Fehler im System offensichtlich. Etwas weniger differenziert ist schon die Vorstellung, man könne bei der Erstellung des Gerüsts für die Prüfroutinen Zeit sparen, wenn man die einzelnen Teile dazu benutzt, sich gegenseitig zu prüfen. Beide Ansätze haben natürlich etwas Wahres an sich, aber es ist nicht die ganze Wahrheit - der Einsatz bereits fehlerbereinigter Komponenten spart bei den Systemtests wesentlich mehr Zeit, als auf die Planung der Überprüfung und die Tests der Komponenten verwendet wird.

Ein wenig subtiler ist da schon der Ansatz der "dokumentierten Fehler". Dabei geht man davon aus, daß die Komponenten in das System integriert werden können, wenn alle Fehler lokalisiert sind - aber noch lange bevor sie dann tatsächlich ausgemerzt werden. Bei der anschließenden Systemüberprüfung, so will es diese Theorie, kennt man bereits die Auswirkungen dieser Fehler, kann sie also ignorieren und sich den neuen Phänomenen widmen.

Das alles ist nichts als Wunschdenken und dient allein dem Zweck, die Pein der Verzögerung des Zeitplanes gleichsam wegzurationalisieren. Man kennt eben nicht alle zu erwartenden Auswirkungen schon bekannter Fehler. Wären die Dinge wirklich so geradlinig, hätte man bei der Systemüberprüfung keinerlei Probleme zu erwarten. Darüber hinaus wird die Beseitigung der dokumentierten Fehler mit Sicherheit zu neuen Fehlern führen und damit den Systemtest vollends verwirren.

Baue genug Gerüste. Mit Gerüsten meine ich alle Programme und Dateien, die allein für die Fehlersuche erstellt werden, aber nie zur Verwendung im eigentlichen Produkt vorgesehen waren. Es wäre nicht unvernünftig, für das Gerüst ungefähr halb soviel Code zu schreiben wie für das Produkt selber.

Eine Art dieses Gerüstbaus ist die *Dummy-Komponente*, die nur aus kleinen Schnittstellen und vielleicht einigen gefälschten Daten oder ein paar Prüfroutinen besteht. Ein System könnte beispielsweise einen noch nicht ganz fertigen Sortierer enthalten. Dessen Nachbarn können durch ein Dummy-Programm überprüft werden - es liest und prüft das Format der Eingabedaten und spuckt einen Haufen wohl formatierter und geordneter, aber absolut nichtssagender Daten aus.

Eine andere Art ist die *Miniaturdatei*. Das Mißverstehen der Formate für Band- oder Diskettendateien ist einer der häufiger auftretenden Systemfehler. Deswegen lohnt es sich, ein paar kleinere Dateien zu erstellen, die nur wenige Datensätze, aber alle Beschreibungen, Hinweismarken, etc. enthalten.

Die ultimate Form einer Miniaturdatei ist eine Datei, die überhaupt nicht vorhanden ist (ein "Null-Device"). Die Job-Controlsprache des OS/360 enthält eine derartige Möglichkeit - sie hat sich bei der Fehlersuche als äußerst hilfreich erwiesen.

Noch eine andere Art der Gerüste sind die Hilfsprogramme. Generatoren für Testdaten, besondere Analyseausdrucke, Programme zur Analyse von Tabellen der Kreuzreferenzen sind Beispiele für die spezielle Ausstattung, die man sich vielleicht selber zusammenstellen will.

Änderung der Kontrolle. Die straffe Kontrolle während der Tests ist eines der herausragenden Merkmale der Fehlersuche bei der Hardwareentwicklung - sie ist durchaus auf Softwaresysteme übertragbar.

Zuerst einmal darf nur ein einziger Mann allein die Verantwortung tragen. Er und nur er darf Änderungen an den Komponenten oder den Austausch einer Version gegen eine andere genehmigen.

Dann muß es, wie schon besprochen, zu jeder Zeit kontrollierte Kopien des Systems geben: eine abgeschlossene Kopie der letzten Version zur Überprüfung der einzelnen Komponenten, eine Testkopie, an der Verbesserungen vorgenommen werden, und eine Übungskopie für die Programmierer, an der die Komponenten überarbeitet werden können - sowohl mit Reparaturen als auch mit Erweiterungen.

Bei den Modellen des Systems 360, an denen gerade gearbeitet wurde, konnte man gelegentlich zwischen den üblicherweise verwendeten gelben Drähten Stränge von violettem

Draht hervorschauen sehen. Sobald ein Fehler ausfindig gemacht worden war, wurden zwei Dinge getan. Es wurde eine Schnellreparatur ausgeführt, sodaß die Arbeit weitergehen konnte. Diese Veränderung wurde mit violettem Draht vorgenommen (der natürlich ziemlich auffällig war), das Ganze wurde im Logbuch festgehalten. Währenddessen wurde ein offizielles Änderungsdokument verfaßt, das dann in die Entwicklungsmühle eingegeben wurde. Dies resultierte schließlich in aktualisierten Zeichnungen samt Verdrahtungsplänen und in einer neuen Busplatine, auf der die Änderungen in einer gedruckten Schaltung oder mit gelbem Draht implementiert worden waren. Nun waren Papier und das reale Modell wieder in Einklang gebracht - der violette Draht hatte sein Pflicht getan.

Das Programmieren kommt ohne eine Technik der violetten Drähte nicht aus, genauso wenig wie ohne eine straffe Kontrolle und den tiefen Respekt vor dem Papier, das ja letztendlich das Produkt selber darstellt. Die unersetzlichen Zutaten dieser Methodik sind das Buchführen über alle Veränderungen und die Unterscheidung zwischen Flickwerk, das in den Tiefen des Quellcode verborgen ist, und gründlich durchdachten, überprüften und dokumentierten Reparaturen.

Füge nie mehr als eine neue Komponente hinzu. Auch dieser Grundsatz liegt auf der Hand, aber Optimismus und Faulheit verführen uns dazu, ihn zu verletzen. Schließlich bedeutet dies mit seinen Dummys und anderen Gerüsten eine Menge Arbeit. Und diese Arbeit wird am Ende vielleicht noch nicht einmal gebraucht? Vielleicht gibt es ja gar keine Fehler!?

Nein! Widerstehen Sie dieser Versuchung! Darum geht es doch gerade bei der geordneten Systemüberprüfung. Man muß einfach annehmen, daß Fehler auftauchen können und entsprechende Prozeduren entwickeln, um sie wieder loszuwerden.

Beachten Sie, daß gründliche Prüfroutinen unerläßlich sind - jeder Zustand des Systems muß getestet werden, sobald eine neue Komponente eingefügt worden ist. Auch die schon geprüften Komponenten müssen im Zusammenspiel mit den neuen wieder und wieder einer Überprüfung unterzogen werden, um rückwirkende Fehler auszuschließen.

Setze Grenzen für die Aktualisierung. Während das System langsam Gestalt annimmt, werden die Konstrukteure der Komponenten von Zeit zu Zeit mit brandneuen Versionen ihrer Arbeit vor der Tür stehen - sie sollen schneller sein, kleiner, vollständiger oder mit weniger Fehlern behaftet. Aber der Austausch einer funktionstüchtigen Komponente gegen eine neue Version muß wieder von der gleichen systematischen Überprüfung begleitet werden wie die Integration einer neuen Komponente selber. Allerdings sollte dies weniger Zeit kosten, da in der Regel bereits wesentlich komplettere und effizientere Prüfroutinen zur Verfügung stehen.

Jedes Team, das gerade an seiner eigenen Komponente arbeitet, legt seiner Arbeit und der Fehlersuche die aktuellste schon fehlerbereinigte Version des Systems zugrunde. Sie werden unweigerlich zurückgeworfen, wenn diese Grundlage fortwährend verändert wird. Natürlich muß man Änderungen anbringen - aber sie müssen zahlenmäßig begrenzt sein. Nur so wird der Benutzer Perioden der produktiven Stabilität haben, hin und wieder unterbrochen von einem Schub von Änderungen. Dies scheint weniger abträglich zu sein als ein ständiges Rütteln an den Fundamenten der Arbeit.

Die Untersuchungen von Lehman und Belady beweisen, daß solche Änderungen entweder nur in großen Zeitabständen, oder aber sehr scharf eingegrenzt und regelmäßig durchgeführt werden sollten.[14] Letzteres ist ihrem Modell zufolge anfälliger für Instabilität. Das entspricht auch meinen Erfahrungen: Eine solche Strategie würde ich in der Praxis nicht riskieren.

Die zahlenmäßige Einschränkung der Änderungen paßt sehr schön zu der Technik der violetten Drähte. Die schnelle Ausbesserung hält bis zur Freigabe derjenigen Komponente vor, die die Reparatur in einer überprüften und dokumentierten Form enthält.

14
Die Katastrophe wird ausgebrütet

14
Die Katastrophe wird ausgebrütet

Niemand liebt den Boten schlechter Nachrichten.

Sophokles

Wie kann sich ein Projekt um ein ganzes Jahr verzögern?
... indem sich 365 Details um jeweils einen Tag verspäten.

A. Canova, "Ercole e Lica", 1802. Hercules erschlägt den Boten, der unwissentlich und unschuldig das tödliche Gewand überbracht hat.
Scala, New York/Firenze und Foto Alinari, Firenze

Sobald man bei einem Projekt von einer "katastrophalen" Verzögerung des Zeitplanes hört, kommt der Gedanke auf, daß es wohl von einer ganzen Serie von Schicksalsschlägen getroffen worden sein muß. Normalerweise liegt es aber eher an schleichendem Verfall als an einem Wirbelsturm; der Zeitplan ist gewissermaßen unbemerkt, aber unausweichlich ins Rutschen gekommen. Tatsächlich sind große Katastrophen oder Schicksalsschläge einfacher zu handhaben; man antwortet darauf mit aller Gewalt, einer radikalen Neuorganisation, der Entwicklung einer neuen Vorgehensweise. An solchen Aufgaben wächst das gesamte Team.

Aber eine schleichende, tägliche Verzögerung ist kaum feststellbar. Gestern war z.B. ein wichtiger Mann krank, so daß ein Meeting nicht abgehalten werden konnte. Heute sind alle Maschinen ausgefallen, weil der Blitz in das Transformatorhaus des Gebäudes eingeschlagen hat. Morgen kann mit den Tests an den Diskroutinen nicht begonnen werden, weil die Fabrik die Laufwerke eine Woche später liefern wird. Schneefall, Familienprobleme, wichtige Treffen mit Kunden, Besprechungen mit der Geschäftsleitung - die Liste ließe sich beliebig fortsetzen. All dies mag jeweils nur einen halben oder auch einen ganzen Tag in Anspruch nehmen. Aber der Zeitplan rutscht - jedesmal um einen Tag.

Meilensteine oder Mühlsteine?

Wie kontrolliert man ein großes Projekt mit einem straffen Zeitplan? Der erste Schritt ist, tatsächlich einen Zeitplan zu haben. Jedes Ereignis auf der Liste erhält eine Termin, den wir Meilenstein nennen wollen. Die Festlegung der Termine ist ein Problem des Schätzens, das bereits angesprochen wurde und wesentlich vom Erfahrungsschatz abhängt.

Für das Setzen der Meilensteine gibt es nur eine relevante Regel. Sie müssen konkret sein, detailliert, nachprüfbar und messerscharf definiert. Die Codierung, als Gegenbeispiel, ist fast über die Hälfte der zugestandenen Zeit hinweg "zu 90% beendet". Die Fehlersuche ist fast immer "zu 99% fertig" - und "Planung abgeschlossen" kann man eigentlich sagen, wann immer man will.[1]

Konkrete Meilensteine dagegen sind immer eine 100%ige Angelegenheit. "Spezifikation von Architekten und Implementierern abgezeichnet", "Quellcode 100% komplett und in der Diskbibliothek", "fehlerbereinigte Version hat alle Prüfroutinen erfolgreich durchlaufen". Derartig konkrete Meilensteine ersetzen die vagen Phasen von Planung, Codierung und Fehlersuche. Es ist nicht so wichtig, die Meilensteine für den Boss nachprüfbar zu gestalten - vielmehr müssen sie messerscharf und unzweideutig gesetzt werden. Selten wird ein Mann angesichts dieser Termine die Unwahrheit über die Fortschritte seiner Arbeit sagen, wenn der Meilenstein so eindeutig ist, daß er sich selber nichts mehr vormachen kann. Wenn aber der Meilenstein schwammig formuliert ist, wird der Boss oft aus dem Bericht seines Untergebenen etwas anderes herauslesen, als der eigentlich geschrieben hatte. Um Sophokles zu ergänzen: Es gibt auch niemanden, der es liebt, schlechte Nachrichten zu überbringen - also werden sie ein wenig abgeschwächt, ohne daß man die Anderen absichtlich hinters Licht führen wollte.

Dies zeigen auch zwei sehr interessante Untersuchungen über das Schätzverhalten einiger Vertragspartner der Regierung bei großen Projekten.

1. Schätzungen, die vor Beginn der Arbeiten alle zwei Wochen sorgfältig überarbeitet werden, ändern sich nur unwesentlich, wenn das Projekt dann wirklich ansteht - egal, wie falsch sie letztendlich auch sein mögen.

2. Während der Arbeiten werden zu hoch angesetzte Schätzungen der Wirklichkeit nach und nach angeglichen.

3. Zu niedrige Schätzungen werden dagegen bis etwa drei Wochen vor der geplanten Beendigung der Arbeiten beibehalten.[2]

Präzise gesetzte Meilensteine sind ein Dienst am Team - sie können von einem Manager erwartet werden. Der schwammig formulierte Meilenstein ist eine Bürde, an der man schwer zu tragen hat. Er ist im wahrsten Sinne des Wortes ein Mühlstein, der langsam die Moral des Teams zermalmt, weil er es über eventuelle Verzögerungen im Unklaren läßt, bis nichts mehr zu retten ist. Die chronische Verzögerung ist ein Moralkiller.

"Der andere Teil ist sowieso zu spät dran"

Man verliert einen Tag - na und? Wer regt sich über einen verlorenen Tag auf? Und der andere Teil, der mit unserem einmal zusammengeschlossen werden soll, ist sowieso zu spät dran.

Ein Fußballtrainer betrachtet eine nicht physische Eigenschaft, den Biß, als die wesentlich Gabe großer Spieler und Mannschaften. Er ist es, der die Spieler schneller laufen läßt, als es nötig wäre, der sie sich früher bewegen läßt als die anderen und der sie härter trainieren läßt, als man es erwarten könnte. Für Programmierteams ist er genauso wichtig. Der Biß ist das Ruhekissen, die Reservekapazität, das ein Team in die Lage versetzt, mit routinemäßigen Mißgeschicken fertig zu werden, kleinere Unglücke vorauszusehen und abzuwehren. Die kalkulierte Reaktion, die meßbare Anstrengung, ist das nasse Handtuch, mit dem der Biß ein wenig abgeschwächt wird. Wie wir gesehen haben, muß man sich sehr wohl über einen verlorenen Tag aufregen - er ist ein Schritt auf dem Weg in die Katastrophe.

Aber nicht alle Verzögerungen um einen Tag sind gleich schlimm. Deswegen ist eine Art kalkulierter Reaktion notwendig, damit der Biß des Teams auch die wahren Probleme trifft. Wie erkennt man aber eine wesentliche Verzögerung? Hier gibt es keinen Ersatz für ein PERT-Chart oder einen Zeitplan für die neuralgischen Punkte des Projekts. Ein solches Netzwerk zeigt, wer auf was wartet. Es zeigt, wer an einem kritischen Punkt angelangt ist und welche Umstände eine Verzögerung bewirken könnten. Außerdem zeigt es, um wieviel sich eine Arbeit verzögern darf, bevor sie an den kritischen Punkt kommt.

PERT-Charts sind eigentlich eine Ausarbeitung der Netzwerke zur Bestimmung der neuralgischen Punkte, in denen jegliche Tätigkeit insgesamt dreimal geplant wird - entsprechend den verschiedenen Möglichkeiten, einen Termin ein- bzw. nicht einzuhalten. Ich halte diese Verfeinerung nicht für unbedingt notwendig, aber aus Gründen der Verständlichkeit nenne ich die Netzwerke der neuralgischen Punkte einfach PERT-Charts.

In der Erstellung des PERT-Charts liegt gleichzeitig auch schon seine wertvollste Eigenschaft. Indem man ein solches Netzwerk erdenkt, die Abhängigkeiten erkennt und die einzelnen Abschnitte festlegt, zwingt man sich bereits zu Beginn des Projekts zu einem großen Maß an spezifischer Planung. Der erste Chart ist immer schrecklich, aber man arbeitet und arbeitet an immer besseren Ausführungen.

Mit dem Fortschreiten des Projekts gibt der PERT-Chart die Antwort auf die demoralisierende Entschuldigung, "Das andere Teil ist sowieso zu spät dran". Er zeigt, wo Biß benötigt wird, um das eigene Werkstück vom kritischen Punkt fernzuhalten, und weist Wege auf, über die in anderen Bereichen verlorene Zeit wieder wettgemacht werden kann.

Unter den Teppich damit

Wenn ein Manager der unteren Chargen bemerkt, daß sein Team in Zeitdruck gerät, wird er kaum geneigt sein, seinem Boss direkt sein Leid zu klagen. Das Team könnte immerhin in der Lage sein, den Rückstand wieder aufzuholen - er selber könnte sich etwas Neues ausdenken oder die Arbeit reorganisieren. Warum also den Boss damit behelligen? Die Bewältigung solcher Problem ist ja gerade die Aufgabe des untergeordneten Managers. Und der Boss hat wirklich genug Probleme, die seine ganze Aufmerksamkeit erfordern. Folglich wird erst einmal alles unter den Teppich gekehrt.

Zwei Angaben aber sind für den Chef unerläßlich - Abweichungen vom Plan, die ein Eingreifen bedingen, und Statusbeschreibungen zu seiner Information.[3] Und es erweist sich als sehr schwer, ein korrektes Bild vom Stand der Dinge zu erhalten.

Hier besteht zwischen den Interessen des Chefs und denen des Managers ein direkter Konflikt. Der Manager muß befürchten, daß sein Boss Maßnahmen ergreifen wird, wenn er ihm von irgendwelchen Problemen berichtet. Das würde der Funktion des Managers vorgreifen, seine Autorität untergraben und seine Pläne über den Haufen werfen. Deswegen wird er seinem Vorgesetzten so lange nichts sagen, wie er glaubt, das Problem noch im Griff zu haben.

Es liegt beim Boss, den Teppich wieder anzuheben. Dazu stehen ihm zwei Möglichkeiten zur Wahl, die er beide tunlichst nutzen sollte. Die erste besteht in der Reduzierung des Rollenkonflikts, indem er anregt, die Statusbeschreibungen allgemein zugänglich zu machen. Zweitens muß er kräftig am Teppich ziehen.

Die Reduzierung des Rollenkonflikts. Der Boss muß zuerst einmal zwischen Informationen über die laufende Arbeit und solchen über den momentanen Status unterscheiden. Er muß sich selber so weit disziplinieren, daß er bei Problemen, die sein Manager lösen kann, nicht eingreift. Auch sollte er sich nie in laufende Arbeiten einmischen. Ich habe einen Chef gekannt, der unweigerlich zum Telefonhörer griff, um irgendwelche Anweisungen zu geben, noch bevor der erste Abschnitt des Statusreports vorgetragen worden war. Diese Art von Reaktion kann nur ein einziges Ergebnis zur Folge haben: Probleme bekommt er nicht mehr zu hören.

Wenn der Manager andererseits sicher sein kann, daß sein Boss ohne Panik und Einmischung in seinen Verantwortungsbereich reagiert, wird er auch eine wahrheitsgetreue Einschätzung abgeben.

Ein solcher Prozeß kann erleichtert werden, wenn der Boß selber Meetings, Besprechungen und Konferenzen jeweils entsprechend etikettiert - entweder geht es um die laufende Arbeit oder um einen Statusreport. Natürlich kann nach einem Meeting zu Fragen des Fortgangs der Arbeit auch eins zum Status selber einberufen werden, dann nämlich, wenn ein Problem außer Kontrolle zu geraten droht. Aber es weiß jetzt wenigstens jeder, wie die Dinge stehen - der Boss wird es sich zweimal überlegen, bevor er sich einmischt.

Ein kräftiger Ruck am Teppich. Trotz alledem muß es Methoden geben, mit deren Hilfe ein Überblick über den Status gewonnen werden kann - ob dies auf kooperativer Basis geschieht oder nicht. Der PERT-Chart mit seinen regelmäßig und präzise gesetzten Meilensteinen bildet die Grundlage für einen solchen Überblick. Bei einem großen Objekt wird man jede Woche einige seiner Bestandteile mustern wollen, so daß alle ungefähr einmal im Monat an der Reihe sind.

Ein Bericht, in dem Meilensteine und wirkliche Fertigstellungsdaten festgehalten werden, bildet das Schlüsseldokument. Bild 14.1 zeigt einen Auszug aus einem dieser Berichte samt einigen Schwierigkeiten des betreffenden Projekts. Die Genehmigung der Spezifikation einiger Komponenten wäre schon fällig gewesen, bei einer anderen ist es das Handbuch (SRL). Wieder eine andere ist schon zu lange in dem unabhängig durchgeführten Produkttest. Dieser Report diente als Agenda zu einer Sitzung am 1.2.1965. Folglich kennt jedermann die Fragen - der Manager der betreffenden Komponente muß also erklären, warum er so spät dran ist, wann die Arbeit fertig sein wird, welche Maßnahmen er zu ergreifen gedenkt, und wenn, welche Art von Hilfe er benötigt.

V. Vyssotsky hat in diesem Zusammenhang folgendes beobachtet:

> *Ich fand es immer sehr hilfreich, sowohl "geplante" als auch "geschätzte" Daten in die Meilensteinberichte aufzunehmen. Die geplanten Daten liegen beim Projektmanager und stellen einen durchgängigen Arbeitsplan für das gesamte Projekt dar - a priori ein vernünftiger Plan. Die geschätzten Daten liegen dagegen beim Manager der untersten Stufe, der den fraglichen Arbeitsbereich im Blick hat. Sie repräsentieren sein Urteil über die vermutlichen Vorkommnisse, ein Urteil, das er auf die verfügbaren Ressourcen und die benötigten (oder auch zu liefernden) Eingaben stützt. Der Projektmanager muß seine Finger von den geschätzten Daten lassen. Vielmehr sollte er versuchen, unvoreingenommene Schätzungen zu erhalten, anstatt irgendwelcher optimistischer Schönfärbereien. Wenn sich dies einmal in den Köpfen der Beteiligten festgesetzt hat, hat der Projektmanager alle Möglichkeiten, soweit in die Zukunft zu blicken, daß er erkennt, wo ihn Ärger erwarten könnte, wenn er nichts unternimmt.[4]*

Die Erstellung des PERT-Charts ist Aufgabe des Chefs und der ihm untergebenen Manager. Die Aktualisierung, Überarbeitung und die Berichterstattung liegt in den Händen einer kleinen (vielleicht ein bis drei Mann umfassenden) Gruppe von Mitarbeitern - sozusagen der verlängerte Arm des Projektmanagers. Solch ein Planungs- und Kontrollteam ist für ein großes Projekt von unschätzbarem Wert. Es verfügt über keinerlei Befugnisse, sieht man davon ab, daß es die Manager der Reihe nach befragen kann, wann die Meilensteine gesetzt oder geändert werden und ob der gesetzte Rahmen eingehalten wurde. Weil das Planungs- und Kontrollteam die gesamte Papierarbeit leistet, haben die Manager den Kopf für die wesentlichen Dinge frei - das Treffen der Entscheidungen.

OS/360   SYSTEM/360 SUMMARY STATUS REPORT
LANGUAGE PROCESSORS + SERVICE PROGRAMS
AS OF FEBRUARY 01,1965

A=APPROVAL
C=COMPLETED

*=REVISED PLANNED DATE
NE=NOT ESTABLISHED

PROJECT	LOCATION	COMMITMNT ANNOUNCE RELEASE	OBJECTIVE AVAILABLE APPROVED	SPECS AVAILABLE APPROVED	SRL AVAILABLE APPROVED	ALPHA TEST ENTRY EXIT	COMP TEST START COMPLETE	SYS TEST START COMPLETE	BULLETIN AVAILABLE APPROVED	BETA TEST ENTRY EXIT
OPERATING SYSTEM										
12K DESIGN LEVEL (E)										
ASSEMBLY	SAN JOSE	04/--/4 C / 12/31/5	10/28/4 C	10/13/4 C / 01/11/5	11/13/4 C / 11/18/4	01/15/5 C / 02/22/5				09/01/5 / 11/30/5
FORTRAN	POK	04/--/4 C / 12/31/5	10/28/4 C	10/21/4 C / 01/22/5	12/17/4 C / 12/19/4 A	01/15/5 C / 02/22/5				09/01/5 / 11/30/5
COBOL	ENDICOTT	04/--/4 C / 12/31/5	10/28/4 C	10/15/4 C / 01/20/5 A	11/17/4 C / 12/08/4 A	01/15/5 C / 02/22/5				09/01/5 / 11/30/5
RPG	SAN JOSE	04/--/4 C / 12/31/5	10/28/4 C	09/30/4 C / 01/05/5	12/02/4 C / 01/18/5 A	01/15/5 C / 02/22/5				09/01/5 / 11/30/5
UTILITIES	TIME/LIFE	04/--/4 C / 12/31/5	06/24/4 C		11/20/4 A / 11/30/4 A					09/01/5 / 11/30/5
SORT 1	POK	04/--/4 C / 12/31/5	10/28/4 C	10/19/4 C / 01/11/5	11/12/4 C / 11/30/4 A	01/15/5 C / 03/22/5				09/01/5 / 11/30/5
SORT 2	POK	04/--/4 C / 06/33/6	10/28/4 C	10/19/4 C / 01/11/5	11/12/4 C / 11/30/4 A	01/15/5 C / 03/22/5				03/01/6 / 05/30/6
44K DESIGN LEVEL (F)										
ASSEMBLY	SAN JOSE	04/--/4 C / 12/31/5	10/28/4 C	10/13/4 C / 01/11/5	11/13/4 C / 11/18/4 A	02/15/5 C / 03/22/5				09/01/5 / 11/30/5
COBOL	TIME/LIFE	04/--/4 C / 06/33/6	10/28/4 C	10/15/4 C / 01/20/5 A	11/17/4 C / 12/08/4 A	02/15/5 C / 03/22/5				03/01/6 / 05/30/6
NPL	HURSLEY	04/--/4 C / 03/31/6	10/28/4 C							
2250	KINGSTON	03/30/4 C / 03/30/6	11/05/4 C	12/08/4 C / 01/04/5	01/12/5 C / 01/29/5	01/04/5 C / 01/29/5				01/03/6 / NE
2280	KINGSTON	06/33/4 C / 09/33/6	11/05/4 C			04/01/5 / 04/30/5				01/28/6 / NE
200K DESIGN LEVEL (H)										
ASSEMBLY	TIME/LIFE		10/28/4 C							
FORTRAN	POK	04/--/4 C / 06/30/6	10/28/4 C	10/16/4 C / 01/11/5	11/11/4 C / 12/10/4 A	02/15/5 / 03/22/5				03/01/6 / 05/30/6
NPL	HURSLEY	03/31/7 C	10/28/4 C			07/--/5 / --/5				01/--/7
NPL H	POK	04/--/4 C	03/30/4 C			02/01/5 / 04/01/5				10/15/5 / 12/15/5

Bild 14.1

Wir hatten eine fähige, enthusiastische und diplomatische Planungs- und Kontrollgruppe, angeführt von A. M. Pietrasanta - er widmete seinen ganzen Erfindungsreichtum der Entwicklung von effektiven, aber unaufdringlichen Kontrollmethoden. In der Folge erwarb sich seine Gruppe weitgehenden Respekt und wurde mehr als nur toleriert. Das ist schon ein ganze Menge für eine Gruppe, deren eigentliche Aufgabe ja die eines Störenfriedes ist.

Die Investition eines kleinen Teiles der Anstrengungen in eine Planungs- und Kontrollgruppe zahlt sich wirklich aus. Dadurch wird für ein Projekt weit mehr erreicht, als hätten diese Leute direkt an den Programmen mitgearbeitet. Die Planungs- und Kontrollgruppe ist ein Wachhund, der uns kaum wahrnehmbare Verzögerungen meldet und die neuralgischen Punkte ausfindig macht. Sie ist das Frühwarnsystem gegen den tageweisen Verlust eines Jahres.

15
Das andere Gesicht

15
Das andere Gesicht

Was man nicht versteht, besitzt man nicht.

Goethe, Maximen und Reflex. 2, Nr.38

Oh, laß es die Weisen doch verständlich sagen,
mir das Hirn nicht mit Erkenntnis plagen.

Crabbe

Eine Rekonstrunktion von Stonehenge, dem gößten undokumentierten Computer der Welt
Bettman-Archiv

Ein Computerprogramm ist die Botschaft eines Mannes an eine Maschine. Die rigoros eingeschränkte Syntax und die starren Definitionen dienen allein dem Zweck, der dummen Maschine eine Absicht verständlich zu machen.

Aber das fertige Programm hat auch noch ein anderes Gesicht - nämlich das, das dem Benutzer seine Geschichte erzählt. Selbst bei den Programmen, die nur für den privaten Gebrauch bestimmt sind, ist ein Mindestmaß an Kommunikation vonnöten; den Autor und Benutzer kann sein Gedächtnis im Stich lassen, so daß er eine Auffrischung der Kenntnisse über die Details seiner eigenen Arbeit braucht.

Um wieviel wichtiger ist dann aber die Dokumentation eines zum Verkauf bestimmten Programmes - sein Benutzer ist weit entfernt vom Autor, sowohl zeitlich als auch räumlich. Für das Programmierprodukt ist das dem Benutzer zugewandte andere Gesicht ebenso wichtig, wie das, das auf die Maschine schaut.

Die meisten von uns haben im Stillen schon einmal den weit entfernten und anonymen Autor eines erbärmlich dokumentierten Programms verflucht. Deswegen haben viele von uns den Versuch unternommen, in den Programmierern der Dokumentation gegenüber eine Einstellung zu wecken, die ein Leben lang vorhält - Faulheit und Zeitdruck sollten überwunden werden. Im großen und ganzen haben wir dabei versagt - und das, weil wir wahrscheinlich die falschen Methoden angewandt haben.

Thomas J.Watson erzählte einst von seiner ersten Erfahrung als Registrierkassenverkäufer im Norden des Bundesstaates New York. Voller Enthusiasmus machte er sich auf den Weg, seinen Wagen vollgepackt mit Registrierkassen. Eifrig bearbeitete er sein ganzes Verkaufsgebiet, ohne allerdings auch nur ein Stück zu loszuwerden. Wieder zurück berichtete er alles seinem Boss. Der Verkaufsleiter hörte eine Weile zu und sagte dann, "Helfen Sie mir bitte, ein paar Kassen auf den Wagen zu laden und spannen Sie das Pferd an." Das war schnell getan und sie machten sich auf den Weg, einen Kunden nach dem anderen abzuklappern, wobei ihm sein älterer Kollege zeigte, wie man Registrierkassen verkauft. Alles weist darauf hin, daß die erste Lektion gesessen hat.

Über einige Jahre hinweg habe ich die Teilnehmer meiner Softwarekurse eifrig in der Notwendigkeit und Richtigkeit einer guten Dokumentation unterrichtet - wieder und wieder ermahnte ich sie mit aller Leidenschaft und unter Einsatz meiner ganzen Redekunst. Es hat nichts genützt. Deswegen dachte ich mir, daß sie schon gelernt hatten, eine saubere Dokumentation zu erstellen, es aber am nötigen Eifer fehlen ließen. Daraufhin habe ich versucht, ein paar Registrierkassen auf Wagen zu laden, d.h., ich zeigte ihnen, wie man es macht. Damit hatte ich wesentlich mehr Erfolg. Der Rest dieses Essays wird also keine Ermahnung sein, sondern soll sich auf das *Wie* der guten Dokumentation konzentrieren.

Was braucht man an Dokumentation?

Die gelegentlichen Benutzer eines Programms brauchen verschiedene Ebenen der Dokumentation. Zum einen gibt es den, der sich schlicht auf ein Programm verläßt - zum anderen gibt es aber auch solche, die ein Programm ihren speziellen Bedürfnissen und Umständen anpassen wollen.

Der Gebrauch eines Programms. Jeder Benutzer braucht eine in Prosa geschriebene Beschreibung seines Programmes. Aber die meisten Dokumentationen gewähren einfach zu wenig Überblick. Es werden die Bäume beschrieben, der Stamm und die Blätter werden kommentiert - aber es fehlt an einer Karte des Waldes. Man sollte sich der Niederschrift einer Dokumentation sehr langsam und bedächtig nähern.

1. Der *Zweck.* Was für eine Funktion hat das Programm, warum wurde es geschrieben?

2. Die *Umgebung.* Auf welchen Maschinen, im welchen Hardware-Konfigurationen, in welchen Betriebssystem-Konfigurationen wird es laufen?

3. *Art und Bereich.* Welcher Eingabebereich ist gültig? Welche Ausgaben dürfen erwartet werden?

4. Die *Funktionen* und die verwendeten *Algorithmen.* Was passiert eigentlich genau?

5. Die *Formate* der Ein- und Ausgaben. Präzise und vollständig.

6. *Bedienungsanweisungen,* beinhalten normales und anomales Verhalten, wie es auf dem Bildschirm oder an den Ausgaben sichtbar wird.

7. *Optionen.* Welche Optionen hat der Benutzer, und wie sind sie exakt spezifiziert?

8. *Laufzeit.* Wie lange braucht man, um ein spezifiziertes Problem auf einer bestimmten Konfiguration zu lösen?

9. *Exaktheit* und *Überprüfung.* Wie präzise können die zu erwartenden Antworten sein? Welche Hilfsmittel stehen zur Verfügung, um zu überprüfen, ob sie korrekt sind?

Oft kann all dies auf drei bis vier Seiten festgehalten werden, was natürlich äußerste Genauigkeit und Kürze voraussetzt. Ein Großteil dieses Dokuments muß vor Beginn der eigentlichen Programmierarbeiten entworfen werden - es enthält grundsätzliche Entscheidungen über die gesamte Planung.

Vertrauen in ein Programm. Man kann sich aber nicht nur mit einer Beschreibung des Wie alleine begnügen. Man muß auch belegen, daß man weiß, wie das Programm wirklich funktioniert. Das bedeutet Prüfroutinen.

Jede Kopie eines verkauften Programms sollte kleine Prüfroutinen enthalten. Sie können dem Benutzer zur Überprüfung der Tatsache dienen, daß er auch wirklich ein verläßliches Produkt gekauft hat, das auf seiner Maschine tatsächlich läuft.

Darüber hinaus braucht man noch ein paar gründlichere Prüfroutinen, die normalerweise nur verwendet werden, nachdem das Programm einmal modifiziert wurde. Sie fallen in drei Felder der Eingabebereiche:

1. Normale Routinen, die das Programm bei der Verarbeitung gewöhnlicher Daten überprüfen.

2. Gerade noch zulässige Routinen, die an die Grenzbereiche der erlaubten Eingabedaten herangehen - es wird sichergestellt, daß kleinst- und größtmögliche Eingaben sowie andere Ausnahmefälle noch akzeptiert werden.

3. Nicht mehr zulässige Routinen, die das Programm gleichsam von der anderen Seite
    her überprüfen - ungültige Eingaben sollen die entsprechenden Fehlermeldungen
    auslösen.

Die Modifikation eines Programms. Die Anpassung eines Programms oder seine Instandsetzung setzt natürlich ein größeres Maß an Information voraus. Dazu benötigt man
alle Details, die wiederum in gut kommentierten Listings zu finden sind. Jeder, der ein Programm modifiziert, oder auch nur mehr als gelegentlich benutzt, ist ohne einen genauen
Überblick verloren - er muß auch die innere Struktur kennen. Was sind die Bestandteile
eines solchen Überblicks?

1. Ein Flußdiagramm oder ein Diagramm der Struktur der Subprogramme. Mehr dazu
    später.

2. Komplette Beschreibung der verwendeten Algorithmen, oder aber Hinweise auf die
    entsprechende Literatur.

3. Eine Erklärung der Anlage aller benutzten Dateien.

4. Eine Darstellung der Durchlaufstruktur - der Zugriff auf Daten oder Programme von
    Band oder Laufwerk - und was bei jedem Durchlauf erreicht wird.

5. Eine Darlegung der Modifikationen, über die man bereits bei der eigentlichen Ent-
    wicklung nachgedacht hatte - die Arten und Adressen von Einsprungpunkten und Pro-
    zedurenden - und eine diskursive Erläuterung des Autors über seine eigenen Ideen be-
    züglich eventuell wünschenswerter Modifikationen und einer möglichen Vorgehens-
    weise. Erläuterungen über verborgene Fallstricke sind ebenfalls nützlich.

Der Fluch des Flußdiagrammes

Das Flußdiagramm ist das am meisten überbewertete Stück der Programmdokumentation.
Für viele Programme braucht man eigentlich gar keines; beim Rest käme man leicht mit
einem von einer Seite Länge aus.

Flußdiagramme vollziehen die Entscheidungsstruktur eines Programmes nach, die bekanntlich nur einen Aspekt der Gesamtstruktur darstellt. Diese Struktur aber stellen sie auf
eine wirklich elegante Art dar - so lange, wie sie sich auf ein Blatt Papier beschränken. Er-
streckt sich ein Flußdiagramm jedoch über mehrere Seiten, zusammengekleistert durch
numerierte Verbindungen und Übergänge, ist es vorbei mit der Übersichtlichkeit. Das ein-
seitige Flußdiagramm für ein umfangreicheres Programm ist im wesentlichen eine Darstellung der Programmstruktur, der einzelnen Phasen und Schritte. Als solches ist es wirklich praktisch. In Bild 15.1 sieht man ein entsprechendes Diagramm.

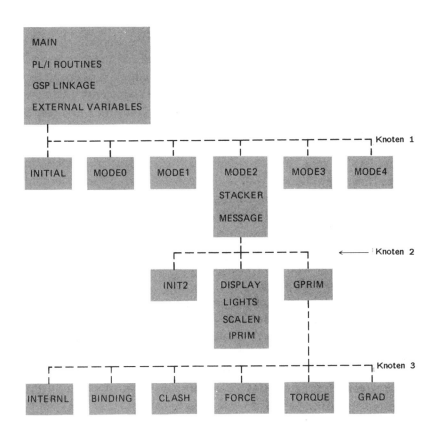

Bild 15.1 Der Graph einer Programmstruktur (von W. V. Wright)

Natürlich hält sich ein solches Flußdiagramm nie an die einschlägigen ANSI-Richtlinien (vergleichbar der DIN-Norm. a. d. Ü.) - noch braucht es sie überhaupt. All diese Regeln über die Gestalt der Symbole, die Verbindungen und die Numerierung etc. sollen detaillierten Flußdiagrammen lediglich ein gewisses Maß an Verständlichkeit verleihen.

Das detaillierte Stück-für-Stück Diagramm aber ist nur noch ein Ärgernis - es dient eigentlich nur der Einweisung eines Novizen in die Welt des algorithmischen Denkens. Als Goldstine und Neumann[1] sie einführten, waren die kleinen Symbole samt ihren Bedeutungen als Hochsprache gedacht; eine Hochsprache, die die schier unergründlichen Maschinenbefehle gleichsam in mehrere bedeutungtragende Einheiten bündeln sollte. Wie Iverson schon früh feststellte,[2] liefern aber systematische Hochsprachen diese Bündelung quasi schon mit, wobei jedes Symbol für einen Befehl steht (Bild 15.2). Damit wird aber der Entwurf einer dieser Symbolketten zu einer öden und aufwendigen Tätigkeit, die man sich ebensogut sparen könnte. Bleiben noch die Verbindungslinien - diejenigen, die einen Befehl mit dem nachfolgenden verbinden sind überflüssig; vergessen wir sie. Nun sind nur noch die GO

```
PGM4: PROCEDURE OPTIONS (MAIN);

        DECLARE SALEFL FILE
        RECORD
        INPUT
        ENVIRONMENT (F(80) MEDIUM (SYSIPT, 2501));
DECLARE PRINT4 FILE
        RECORD
        OUTPUT
        ENVIRONMENT (F(132) MEDIUM (SYSLST,1403) CTLASA);
DECLARE 01 SALESCARD,
        03 BLANK1           CHARACTER (9),
        03 SALESNUM         PICTURE '9999',
        03 NAME             CHARACTER (25),
        03 BLANK2           CHARACTER (7),
        03 CURRENT_SALES    PICTURE '9999V99',
        03 BLANK3           CHARACTER (29);
DECLARE 01 SALESLIST,
        03 CONTROL          CHARACTER (1) INITIAL (' '),
        03 SALESNUM_OUT     PICTURE 'ZZZ9',
        03 FILLER1          CHARACTER (5) INITIAL (' '),
        03 NAME_OUT         CHARACTER (25),
        03 FILLER2          CHARACTER (5) INITIAL (' '),
        03 CURRENT_OUT      PICTURE 'Z,ZZZV.99',
        03 FILLER3          CHARACTER (5) INITIAL (' '),
        03 PERCENT          PICTURE 'Z9',
        03 SIGN             CHARACTER (1) INITIAL ('%'),
        03 FILLER4          CHARACTER (5) INITIAL (' '),
        03 COMMISSION       PICTURE 'Z,ZZZV.99',
        03 FILLER5          CHARACTER (63) INITIAL (' ');

OPEN FILE (SALEFL),FILE (PRINT4);

ON ENDFILE (SALEFL) GO TO ENDOFJOB;
```

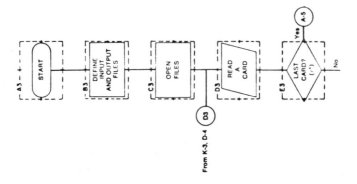

Bild 15.2 Vergleich zwischen einem Flußdiagramm und demselben Programm, geschrieben in PL/I. [In verkürzter und angepaßter Form eine Wiedergabe der Bilder 15-41 und 15-44 aus *Data Processing and Computer Programming: A Modular Approach* **von Thomas J. Cashman und William J. Keys (Harper & Row 1971)]**

```
READ_CARD:
    READ FILE (SALEFL) INTO (SALESCARD);
    IF CURRENT_SALES < 1000.00 THEN GO TO UNDER_QUOTA
    SALESNUM_OUT=SALESNUM;
    NAME_OUT=NAME;
    CURRENT_OUT=CURRENT_SALES;
    PERCENT=5;
    COMMISSION=CURRENT_SALES*.05;
    WRITE FILE (PRINT4) FROM (SALESLIST);
    GO TO READ_CARD;
```

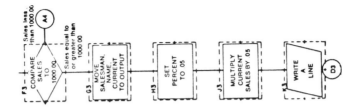

TO-Anweisungen übrig. Wenn man sich an die bewährte Praxis hält und sich um eine blockartige Struktur bemüht, um den Gebrauch des GO TO einzuschränken, bleiben fast gar keine Verbindungslinien mehr. Diese wenigen aber können immens hilfreich sein. Allerdings kann man sie auch gleich in das Listing selber eintragen und die Flußdiagramme ganz eliminieren.

Tatsache ist, daß der Gebrauch von Flußdiagrammen mehr gepredigt denn praktiziert wird. Ich habe noch keinen erfahrenen Programmierer erlebt, der eines angefertigt hätte, bevor er anfing, sein Programm zu schreiben. Dort, wo die Betriebsrichtlinien Flußdiagramme fordern, werden sie fast immer erst nach der eigentlichen Arbeit erstellt. Häufig wird sogar voller Stolz ein eigenes Programm benutzt, um dieses "unverzichtbare Arbeitsmittel" aus dem vollständigen Code heraus zu erzeugen. Ich glaube nicht, daß diese universelle Erkenntnis eine Abkehr von guten alten Gewohnheiten darstellt, die man mit einem nervösen Hüsteln abtun sollte. Vielmehr zeigt sich hier das Ergebnis guter Urteilsfähigkeit, das uns einiges über den Gebrauchswert der Flußdiagramme sagt.

Der Apostel Petrus sagte über nichtjüdische Konvertiten und das Gesetz der Juden: "Was versucht ihr denn nun Gott dadurch, daß ihr ein Joch auf der Jünger Hälse legt, das weder unsere Väter noch wir haben tragen können?" (Apostelgeschichte, 15, 10). Dasselbe läßt sich, glaube ich, auch über junge Programmierer und die veraltete Praxis der Flußdiagramme sagen.

Selbstdokumentierende Programme

Ein Grundprinzip der Datenverarbeitung ist die Erkenntnis, daß es an Wahnsinn grenzt, voneinander unabhängige Dateien synchron halten zu wollen. Viel besser ist es, beide in einer Datei zu vereinigen - dabei erhalten beide Datensätze die ganze Information, die die zwei getrennten Dateien in Bezug auf einen gegebenen Schlüssel hatten.

Trotzdem setzen wir uns in der Praxis des Programmierers über unsere eigenen Erkenntnisse hinweg. Immer erstellen wir gleichzeitig eine maschinenlesbare Form eines Programms und unabhängig davon eine für Menschen lesbare Dokumentation, bestehend aus Prosa und Flußdiagrammen.

Das Ergebnis bestätigt unsere Erkenntnisse über den Wahnsinn getrennter Dateien. Dokumentationen sind notorisch schlecht, ihre Wartung noch schlimmer - Änderungen tauchen nicht prompt, akkurat und zuverlässig in den Papieren auf.

Die Lösung liegt meiner Meinung darin, die Dateien miteinander zu verquicken, die Dokumentation in das Quellprogramm einzubetten. Dies wäre zum einen ein wirkungsvoller Anreiz für eine anständige Wartung, zum anderen wäre die Dokumentation dem Benutzer immer zugänglich. Diese Programme werden als selbstdokumentierend bezeichnet.

Offensichtlich ist das wenig elegant, wenn Flußdiagramme miteinbezogen werden. Geht man aber davon aus, daß sie sowieso überkommen sind und heute hauptsächlich Hochsprachen verwendet werden, erscheint es doch vernünftig, Programm und Dokumentation miteinander zu kombinieren.

Der Gebrauch eines Quellprogramms als Medium der Dokumentation legt uns einige Beschränkungen auf. Andererseits gewinnt der Leser durch die sofortige Verfügbarkeit des Quellprogramms, gleichsam Zeile für Zeile, ganz neue Einsichten - das wiederum schafft ganz neue technische Perspektiven. Es ist an der Zeit, sich über radikal neue Ansätze und Methoden für die Programmdokumentation Gedanken zu machen.

Generelles Ziel hierbei muß sein, die Last der Dokumentation zu erleichtern, eine Last, die weder wir in der Lage waren erfolgreich auf uns zu nehmen, noch unsere Vorgänger.

Ein Ansatz. Der erste Vorschlag geht dahin, die allenthalben schon vorhandenen Programmteile dazu zu benutzen, möglichst viel an Dokumentation aufzunehmen - das erscheint aus Gründen der Programmiertechnik opportun. Deswegen werden Kennsätze, Prozedurdeklarationen und symbolische Namen so ausgelegt, daß sie für den Leser gleich von Anfang an so viel Bedeutung tragen, wie es nur möglich ist.

Als zweites sollten Raum und Formate zur Verbesserung der Lesbarkeit und zur Veranschaulichung der Nebenprogramme und Verschachtelungen ausgenutzt werden.

Drittens wird dann in mehreren Absätzen die notwendige Prosadokumentation als Kommentar in das Programm eingeschoben. Ein Großteil der Programme verfügt über genügend Kommentare, die Zeile für Zeile angefügt sind; Programme, die nach steifen Betriebsrichtlinien über eine "gute Dokumentation" geschrieben wurden, haben sogar oft zu viele davon. Aber selbst diese Programme weisen häufig Defizite auf, wenn es um die Gesamtkommentierung geht - und nur die verleihen der ganzen Sache erst wirkliche Verständlichkeit und Übersichtlichkeit.

Die Dokumentation wird in die Struktur, die Konstantendeklaration und die Formate eines Programmes eingebettet - folglich muß ein gutes Maß dieser Arbeit bereits in die erste Version aufgenommen werden. Und dann sollte man es auch wirklich tun. Weil nämlich der Ansatz der Selbstdokumentation das Maß an Extraarbeit erheblich einschränkt, stellen sich einem zu diesem Zeitpunkt weniger Hindernisse in den Weg.

Einige Methoden. Bild 15.3 zeigt ein selbstdokumentierendes PL/I-Programm.[3] Die eingekreisten Ziffern auf der linken Seite sind nicht Bestandteil des Programms - sie dienen vielmehr als Anhaltspunkte für die folgenden Erläuterungen, gleichsam eine Metadokumentation.

1.   Geben Sie jeder Version einen eigenen Namen - es wird ein Logbuch geführt, in dem man aufzeichnet, was wann mit welchem Erfolg versucht wurde. Setzt sich der Name aus einem mnemonischen Teil (hier: QLT) und einem Suffix (hier: 4) zusammen, kann das Suffix als Versionsnummer verwendet werden - es schafft also die Verbindung zwischen Logbuch und Listing. Bei dieser Methode braucht man für jeden Testlauf eine neue Ablaufsteuerkarte (wobei aber mehrere Karten simultan hergestellt werden können).

```
①  //QLT4 JOB ...

②  QLTSRT7: PROCEDURE (V);

   /*******************************************************************************/
③  /*A SORT SUBROUTINE FOR 2500 6-BYTE FIELDS, PASSED AS THE VECTOR V.  A         */
   /*SEPARATELY COMPILED, NOT-MAIN PROCEDURE, WHICH MUST USE AUTOMATIC CORE       */
   /*ALLOCATION.                                                                  */
   /*                                                                             */
④  /*THE SORT ALGORITHM FOLLOWS BROOKS AND IVERSON, AUTOMATIC DATA PROCESSING,    */
   /*PROGRAM 7.23, P. 350.  THAT ALGORITHM IS REVISED AS FOLLOWS:                 */
⑤  /*   STEPS 2-12 ARE SIMPLIFIED FOR M=2.                                        */
   /*   STEP 18 IS EXPANDED TO HANDLE EXPLICIT INDEXING OF THE OUTPUT VECTOR.     */
   /*   THE WHOLE FIELD IS USED AS THE SORT KEY.                                  */
   /*   MINUS INFINITY IS REPRESENTED BY ZEROS.                                   */
   /*   PLUS INFINITY IS REPRESENTED BY ONES.                                     */
   /*   THE STATEMENT NUMBERS IN PROG. 7.23 ARE REFLECTED IN THE STATEMENT        */
   /*     LABELS OF THIS PROGRAM.                                                 */
   /*   AN IF-THEN-ELSE CONSTRUCTION REQUIRES REPETITION OF A FEW LINES.          */
   /*                                                                             */
   /*TO CHANGE THE DIMENSION OF THE VECTOR TO BE SORTED, ALWAYS CHANGE THE        */
   /*INITIALIZATION OF T.  IF THE SIZE EXCEEDS 4096, CHANGE THE SIZE OF T,TOO.    */
   /*A MORE GENERAL VERSION WOULD PARAMETERIZE THE DIMENSION OF V.                */
   /*                                                                             */
   /*THE PASSED INPUT VECTOR IS REPLACED BY THE REORDERED OUTPUT VECTOR.          */
   /*******************************************************************************/

⑥  /* LEGEND  (ZERO-ORIGIN INDEXING)                                             */

   DECLARE
     (H,                    /*INDEX FOR INITIALIZING T                           */
      I,                    /*INDEX OF ITEM TO BE REPLACED                       */
      J,                    /*INITIAL INDEX OF BRANCHES FROM NODE I              */
      K) BINARY FIXED,      /*INDEX IN OUTPUT VECTOR                             */

     (MINF,                 /*MINUS INFINITY                                     */
      PINF) BIT (48),       /*PLUS INFINITY                                      */

      V (*)  BIT (*),       /*PASSED VECTOR TO BE SORTED AND RETURNED            */

      T (0:8190) BIT (48);  /*WORKSPACE CONSISTING OF VECTOR TO BE SORTED, FILLED*/
                            /*OUT WITH INFINITIES, PRECEDED BY LOWER LEVELS      */
                            /*FILLED UP WITH MINUS INFINITIES                    */

   /* NOW INITIALIZATION TO FILL DUMMY LEVELS, TOP LEVEL, AND UNUSED PART OF TOP*/
   /* LEVEL AS REQUIRED.                                                         */

⑦  INIT: MINF= (48) '0'B;
         PINF= (48) '1'B;

         DO L=   0 TO 4094;  T(L) = MINF;      END;
         DO L=   0 TO 2499;  T(L+4095) = V(L); END;
         DO L=6595 TO 8190;  T(L) = PINF;      END;

⑧  K0:  K = -1;                                                          ⑩
   K1:  I = 0;                      /*                                <------| */
   K3:  J = 2*I+1;                  /*SET J TO SCAN BRANCHES FROM NODE I. <-----|| */
   K7:  IF T(J) <= T(J+1)           /*PICK SMALLER BRANCH              ___>  || */
          THEN                      /*                                      ||| */
       ⑨ DO;       ⑫                /*                                      ||| */
   K11:       T(I) = T(J); /*REPLACE                                        ||| */
   K13:       IF T(I) = PINF THEN GO TO K16; /*IF INFINITY, REPLACEMENT _+∞ ||| */
                                    /* IS FINISHED                          ||| */
   K12:       I = J;                /*SET INDEX FOR HIGHER LEVEL            ||| */
              END;                  /*                                      ||| */
          ELSE                      /*                                <---+-|| */
            DO;                     /*                                    | || */
   K11A:      T(I) = T(J+1); /*                                           | || */
   K13A:      IF T(I) = PINF THEN GO TO K16;        /*                _+∞_| || */
   K12A:      I = J+1;              /*                                    | || */
              END;                  /*                                    | || */
   K14: IF 2*I < 8191 THEN GO TO K3;  /*GO BACK IF NOT ON TOP LEVEL ----+-|| */
   K15: T(I) = PINF;               /*IF TOP LEVEL, FILL WITH INFINITY      | || */
   K16: IF T(0) = PINF THEN RETURN;  /*TEST END OF SORT               <---| | */
   K17: IF T(0) = MINF THEN GO TO K1;  /*FLUSH OUT INITIAL DUMMIES     _-∞____| */
   K18: K = K+1;                     /*STEP STORAGE INDEX                    | */
        V(K) = T(0);  GO TO K1; ⑫    /*STORE OUTPUT ITEM              -------| */
   END QLTSRT7;
```

Bild 15.3 Ein selbstdokumentierendes Programm

2. Benutzen Sie einen mnemonischen Namen (also eine Eselsbrücke) für das Programm, der aber die Identifizierung der Version zuläßt. Das natürlich unter der Annahme, daß es mehrere Versionen geben soll. In unserem Fall ist die letzte Ziffer der Jahreszahl 1967 der Index.

3. Fügen Sie die Prosabeschreibung als Kommentare zu PROCEDURE ein.

4. Beziehen Sie sich bei der Erläuterung der elementaren Algorithmen so weit möglich auf einschlägige Standardliteratur. Das spart viel Platz und ist erheblich ausführlicher, als man es selbst hätte machen können. Außerdem kann der Leser die Information mit ruhigen Gewissen übergehen, wenn er den entsprechenden Text kennt.

5. Stellen Sie eine Verbindung her zwischen den Algorithmen im Buch und:

   a) Veränderungen   b) Spezialisierung   c) Darstellung

6. Deklarieren Sie alle Variablen - wiederum mit mnemonischen Bezeichnungen. Kommentieren Sie DECLARE, um es in eine vollständige Legende umzuwandeln. Beachten Sie aber dabei, daß es selber schon Namen und Beschreibungen der Struktur enthält - es braucht also lediglich um den jeweiligen Zweck erweitert zu werden. Dadurch vermeidet man eine unnötige Wiederholung von Namen und strukturellen Beschreibungen.

7. Kennzeichnen Sie Initialisierungen gesondert als solche.

8. Kennzeichnen Sie Befehlsfolgen in Gruppen - so ergibt sich eine Verbindung zwischen eben diesen Befehlen und denen, die in der Beschreibung der Algorithmen in der Literatur verzeichnet sind.

9. Zur Verdeutlichung von Struktur und Gruppierung, sollten Befehle innerhalb von Blocks um eine entsprechende Anzahl von Leerzeichen eingerückt werden.

10. Fügen Sie von Hand einige logische Verbindungslinien hinzu - bei Veränderungen und Fehlersuche können sie ausgesprochen nützlich sein. Sie werden am rechten Rand des Kommentarraums eingezeichnet und können durchaus auch Teil des maschinenlesbaren Textes sein.

11. Kommentieren Sie auch die einzelnen Zeilen und alles, was nicht so offensichtlich ist. Wenn Sie meine Methodik beherzigen, werden nicht allzuviele dieser Kommentare nötig sein.

12. Die Anzahl der Befehle innerhalb einer Zeile sollte dem Gedankengang während der Programmierung soweit wie möglich entsprechen - je nach Zusammengehörigkeit können mehrere Befehle auf einer Zeile stehen oder sich ein Befehl über mehrere Zeilen hinweg erstrecken.

Warum nicht? Was sind nun die Nachteile einer solchen Art der Dokumentation? Es gibt einige Hürden und Stolpersteine, die aber bald der Vergangenheit angehören werden.

Der wohl schwerwiegendste Einwand zielt auf den erhöhten Speicherbedarf des Quellcodes ab. Und je weiter man sich in die Richtung der On-Line-Speicherung des Quellcodes bewegt, desto lauter werden diese Einwände. Ich schreibe zu APL-Programmen, die auf Disketten gespeichert sind, immer kürzere Kommentare als zu PL/I-Programmen, die ich auf Lochkarte festhalte.

Allerdings bewegen wir uns gleichzeitig auch auf die On-Line-Speicherung von Prosadokumenten zu - die computerisierte Textverarbeitung erlaubt uns einen schnellen Zugriff und die Aktualisierung dieser Dokumente. Wie schon erwähnt, wird durch die Verschmelzung von Prosa und Programm die Anzahl der zu speichernden Zeichen *reduziert*.

Eine ähnliche Antwort ergibt sich auch zum Vorwurf, selbstdokumentierende Programme benötigten mehr Anschläge auf der Tastatur. Bei einem getippten Dokument fällt bei jedem Entwurf für jedes Zeichen mindestens ein Anschlag an. Ein selbstdokumentierendes Programm hat erstens absolut weniger Zeichen und zweitens weniger Anschläge pro Zeichen, weil die einzelnen Entwürfe nicht mehrfach getippt werden müssen.

Was ist mit Fluß- und Strukturdiagrammen? Wenn ein Diagramm mit hoher Auflösung benutzt wird, kann man es sicher wegschließen, weil es kaum regelmäßigen Veränderungen unterworfen ist. Andererseits kann es aber auch als Kommentar in das Quellprogramm eingebettet werden, und das scheint weise.

In welchem Ausmaß ist die beschriebene Methodik auch auf Assembler-Programmierung anwendbar? Der Grundgedanke der Selbstdokumentation ist es sicherlich. Raum und Formate sind weniger frei verfügbar, können folglich nicht so flexibel verwendet werden. Aber Bezeichnungen und strukturelle Vereinbarungen können ganz bestimmt ausgenutzt werden - Makros sind auch sehr hilfreich. Ein weitgehender Einsatz von Gesamtkommentaren gehört zum guten Stil einer jeden Programmiersprache.

Aber der Ansatz der Selbstdokumentation wurde durch den Gebrauch der Hochsprachen angeregt - er findet seine Stärke und seine Rechtfertigung besonders bei Hochsprachen, die auf On-Line-Systemen verwendet werden, ob nun in Reihe geschaltet oder interaktiv. Wie ich versucht habe darzulegen, erleichtern solche Sprachen und Systeme dem Programmierer seine Arbeit in starkem Maße. Weil Maschinen für Menschen und nicht Menschen für Maschinen gemacht sind, haben sie alle Berechtigung der Welt - wirtschaftlich und menschlich.

Epilog

Auch auf längere Sicht wird der Teersumpf der Software-Entwicklung eine klebrige Angelegenheit bleiben. Es ist wohl zu erwarten, daß sich die Menschheit auch weiterhin an Systemen versuchen wird, die oft an der Grenze des Machbaren liegen - manchmal sogar dahinter; und Softwaresysteme sind die vielleicht kompliziertesten und komplexesten Erzeugnisse des menschlichen Geistes. Das Management dieses komplexen Handwerks verlangt uns den bestmöglichen Einsatz neuer Sprachen und Systeme ab, ebenso natürlich die Verwendung schon bewährter Methoden. Dazu brauchen wir noch ein gerüttelt Maß an gesundem Menschenverstand und eine gottgegebene Demut, die uns unserer Fehlbarkeit und Grenzen erinnert.

Anmerkungen und Hinweise

Kapitel 1

1. Ershov betrachtet dies nicht nur als Schattenseite, sondern auch als Teil der Freude. A. P. Ershov, *Aesthetics and the human factor in programming*, CACM, 15 (Juli 1972), S.501-505.

Kapitel 2

1. V. A. Vyssotsky von den Bell Telephone Laboratorien schätzt, daß ein großes Projekt pro Jahr eine Steigerung der Mitarbeiterzahl bis zu 30% verträgt. Ein größerer Zuwachs belastet (oder hemmt sogar) die Entwicklung der wirklich unerläßlichen, informellen Kommunikationsstruktur, wie sie in Kapitel 7 beschrieben wird.

   F. J. Corbato vom MIT geht pro Jahr von einer 20%igen Fluktuation aus, wobei die jeweils neuen Mitarbeiter natürlich angelernt und in die Strukur eingebunden werden müssen.

2. C. Portman von der International Computers Limited meint: "Wenn man alles zum Laufen gebracht hat, alles integriert ist, hat man noch gut vier Monate zu tun." Einige andere Varianten zur Aufgliederung eines Zeitplans finden sich in, Wolverton, R. W.: *The cost of developing large-scale software*, IEEE Trans. on Computers, C23, 6 (Juni 1974) S. 615-636.

3. Bild 2.5 - 2.8 gehen auf Jerry Odgin zurück, der mein Beispiel aus einer früheren Veröffentlichung dieses Aufsatzes zitiert und dabei die Darstellungen erheblich verbessert hat. Odgin, J. L.: *The Mongolian hordes versus superprogrammers*, Infosystems (Dezember 1972), S.20-23.

Kapitel 3

1. Sackman, H., W. J. Erikson, E. E. Grant, *Exploratory experimental studies comparing on-line and off-line programming performance*, CACM, 11,1 (Januar 1968), S. 3-11.

2. Mills, H., *Chief programmer teams, principles, and procedures*, IBM Federal Systems Division Report FSC 71-5108, Gaithersburg, Md., 1971.

3. Baker, F. T., *Chief programmer team management of production programming*, IBM Sys. J., 11, 1 (1972).

Kapitel 4

1. Eschapasse, M.: *Die Kathedrale zu Reims*, Caisse Nationale des Monuments Historiques, Paris, 1967.

2. Brooks, F. P., *Architectural Philosophy*, in: W. Buchholz (Hrsg.), *Planning a Computer System*. Mc Graw-Hill, New York 1962.

3. Blauuw, G. A., *Hardware requirements for the fourth generation*," in: F. Gruenberger (Hrsg.), *Fourth Generation Computers*. Prentice-Hall, N.J., Englewood Cliffs 1970.

4. Brooks, F. P., K. E. Iverson, *Automatic Data Processing, System 360 Edition*. Wiley, New York 1969, Kapitel 5.

5. In Glegg, G. L., *The Design of Design* (Cambridge University Press, 1969) wird gesagt: "Auf den ersten Blick scheint der Gedanke, die kreativen Köpfe durch Regeln einzuschränken, eher hinderlich denn hilfreich - die Praxis beweist allerdings das Gegenteil. Diszipliniertes Denken hat nichts mit Scheuklappen zu tun, es dient vielmehr einer sehr konzentrierten Inspiration."

6. Conway, R. W., *The PL/C Compiler*, Proceedings of a Conf. on Definition and Implementation of Universal Programming Languages. Stuttgart, 1970.

7. Eine ausgezeichnete Auseinandersetzung mit der Notwendigkeit einer Programmiertechnologie bietet C. H. Reynolds *What's wrong with computer programming management?* in: G.F. Weinwurm (Hrsg.) *On the Management of Computer Programming*. Auerbach, Philadelphia 1971, S. 35-42.

Kapitel 5

1. Strachey, C., *Review of Planning a Computer System*, Comp. J., 5,2 (Juli 1962), S. 152-153.

2. Dies gilt nur für die Kontrollprogramme. Für einige der Compilerteams war das OS/360 bereits das dritte oder vierte System, was sich ja auch in einem ausgezeichneten Ergebnis niederschlug.

3. Shell, D. L., *The Share 709 System: a cooperative effort*; Greenwald, I. D., *The Share 709 System: programming and modification*; Boehm, E. M., *The Share 709 System: machine implementation of symbolic programming*; alle in: JACM, 6,2 (April 1959), S. 123-140.

Kapitel 6

1. Neustadt, R. E., *Presidential Power*. Wiley, New York 1960, Kapitel 2.

2. Backus, J. W., *The syntax and and semantics of the proposed international algebraic language*. Proc. Intl. Conf. Inf. Proc. UNESCO, Paris, 1959, veröffentlicht bei : Oldenbourg, München und Buttersworth, London. Abgesehen davon gibt es zu diesem Thema noch eine ganze Sammlung von Aufsätzen in: Steel Jr., T. B. (Hrsg.), *Formal Language Description Languages for Computer Programming*. North Holland, Amsterdam 1966.

3. Lucas, P., K. Walk, *On the formal description of PL/I*, Annual Review in Automatic Programming Language. Wiley, New York 1962, S. 2.

4. Iverson, K. E., *A Programming Language*. Wiley, New York 1962, Kap. 2.

5. Falkoff, A. D., K. E. Iverson. E. H. Sussenguth, *A formal description of System/360*, IBM Systems Journal, 3,3 (1964), S. 198-261.

6. Bell, C. G., A. Newell, *Computer Structures*. Mc Graw-Hill, New York 1970, S. 120-136, 517-541.

7. Bell C. G. in einem privaten Gespräch.

Kapitel 7

1. Parnas D. L., *Information distribution aspects of design methodology*, Carnegie Mellon Univ., Bericht des Fachbereichs für Computerwissenschaften, Februar 1971.

2. Heinlein, R. A., *Der Mann, der den Mond verkaufte*, in: Wolfgang Jeschke (Hrsg.), Heyne Science Fiction/Jahresband 1980 (Heyne-Buch Nr. 3729). Heinrich Heyne Verlag, München 1980, S. 87-160.

Kapitel 8

1. Sackman, H., W. J. Erikson, E. E. Grant, *Exploratory experimentation studies comparing on-line and off-line programming performance*, CACM, 11,1 (Januar 1967), S. 3-11.

2. Nanus, B., L. Farr, *Some cost contributors to large scale programs*, AFIPS Proc. SJCC, 25 (Frühjahr 1965), S. 239-248.

3. Weinwurm, G. F., *Research in the management of computer programming*, Bericht SP-2059, System Development Corporation, Santa Monica, 1965.

4. Morin, L.H., *Estimation of resources for computer programming projects*, Diplomarbeit, University of North Carolina, Chapel Hill 1974.

5. Portman, C. in einem privaten Gespräch.

6. Eine nicht veröffentlichte Studie von E. F. Bardain aus dem Jahre 1964 belegt, daß Programmierer sogar nur 27% der Arbeitszeit mit ihrer eigentlichen Aufgabe zubringen (Siehe Mayer, D. B., A. W. Stalnacker, *Selection and evaluation of computer personnel*, Protokoll der 23. ACM-Konferenz, 1968, S. 661.

7. Aron, J. in einem privaten Gespräch.

8. Wurde bei einer Gesprächsrunde vorgelegt und ist daher nicht im AFIPS-Protokoll enthalten.

9. Wolverton, R. W., *The cost of developing large-scale-software*, IEEE Trans. on Computers, C-23, 6 (Juni 1974), S. 615-636. Dieser wichtige Aufsatz enthält ein Fülle von Informationen zum Thema des Kapitels - und er bestätigt die Schlußfolgerungen bezüglich der Produktivität.

10. Corbato, F. J., *Sensitive issues in the design of multi-use systems*. Vortrag anläßlich der Eröffnung des "Honeywell EDP Technology Center" im Jahre 1968.

11. W. M. Taliaffero weiß ebenfalls von einer konstanten Produktivität zu berichten, die bei 2400 Befehlen pro Mann und Jahr liegt - egal, ob in Assembler, Fortran oder Cobol. Vergleiche hierzu: *Modularity. The key to system growth potential*, Software, 1,3 (Juli 1971), S. 245-257.

12. Nelson, E. A., *Management Handbook for the Estimation of Computer Programming Costs*, Bericht TM-3225 der System Development Corp, belegt für Hochsprachen (S. 66 f) eine Steigerung der Produktivität in einem Verhältnis von 3 zu 1, obwohl sich bei ihm starke Abweichungen vom Standard finden.

Kapitel 9

1. Brooks, F. P., K. E. Iverson, *Automatic Data Processing*, System/360 Edition. Wiley, New York 1969, Kap. 6.

2. Knuth, D. E., *The Art of Computer Programming*, Bd. 1-3, Addison Wesley, Reading, Mass. 1968, ff.

Kapitel 10

1. Conway, M. E., *How do Committees invent?* Datamation, 14,4 (April 1968), S.28-31.

Kapitel 11

1. Rede an der Ogelthorpe University, 22. Mai 1932.

2. Eine sehr interessante Aufstellung der Erfahrungen mit MULTICS auf zwei aufeinanderfolgenden Systemen findet sich in: Corbato, F. J., J. H. Saltzer, C. T. Clingen, *Multics - the first seven years*, AFIPS-Protokoll SJCC, 40 (1972), S. 571-583.

3. Cosgrove, J., *Needed: a new planning framework*, Datamation, 17,23 (Dezember 1971), S. 37- 39.

4. Veränderungen an der Entwicklung sind eine sehr komplexe Angelegenheit und ich vereinfache hier wohl zu stark. Vergleiche hierzu: Saltzer, J. H., *Evolutionary design of complex systems*, in. Eckman, D. (Hrsg.), *Systems: Research and Design*. Wiley, New York 1961. Trotz alledem rede ich immer noch dem Bau eines Pilotsystems das Wort, dessen Löschung geplant ist.

5. Campbell, E., *Report to the AEC Computer Information Meeting*, Dezember 1970. Das Phänomen wird auch von J. L. Ogdin in *Designing reliable software*, Datamation, 18,7 (Juli 1972) auf den Seiten 71-78 besprochen. Meine erfahrenen Freunde scheinen über die Frage, ob die Kurve sich letztendlich wieder nach unten bewegen wird, in gleich große Lager gespalten zu sein.

6. Lehman, M., L. Belady, *Programming system dynamics*, vorgetragen auf dem dritten Symposium der ACM SIGOPS über Prinzipien von Betriebssystemen im Oktober 1971.

7. Lewis, C. S., *Mere Christianity*. Macmillan, New York 1960, S. 54.

Kapitel 12

1. Vergleiche auch J. W. Pomeroy, *A guide to programming tools and techniques*, IBM Systems Journal, 11,3 (1972), S. 234-254.

2. Landy, B., R. M. Needham, *Software engineering techniques used in the development of the Cambridge Multiple-Access System*, Software, 1,2, (April 1971), S.167-173.

3. Corbato, F. J., *PL/I as a tool for system programming*, Datamation, 15,5 (Mai 1969), S. 68-76.

4. Hopkins, M., *Problems of PL/I for system programming*, IBM Forschungsbericht RC 3489, Yorktown Heights, N. Y., 5. August 1971.

5. Corbato, F. J., J. H. Saltzer, C. T. Clingen, *Multics - the first seven years*, AFIPS-Protokoll SJCC, 40 (1972), S. 571-582. Nur ein halbes Dutzend der Bereiche, die wir in PL/I geschrieben hatten, mußten in Maschinensprache umcodiert werden, um auch wirklich das letzte an Leistung herauszuholen. Einige Programme, die ursprünglich in Maschinensprache geschrieben waren, wurden sogar in PL/I neu codiert, um ihre Wartung zu vereinfachen.

6. Um Corbatos Aufsatz , den ich in Anmerkung 3 angeführt habe zu bemühen: "Wir haben es nun mal mit PL/I zu tun - die Alternativen sind noch nicht geprüft." Vergleiche hierzu aber auch eine ziemlich gegensätzliche, wohl dokumentierte, Meinung in: Hendricksen, J. O., R. E. Merwin, *Programming language efficiency in real-time software systems*, AFIPS Protokoll SJCC, 40 (1972), S. 571-582.

7. Nicht jeder stimmt hier zu. In einem privaten Gespräch sagte Harlan Mills: "All meine Erfahrung mit der produktionsmäßigen Programmierung sagt mir, daß wir eigentlich die Sekretärin an den Terminal setzen sollten. Der Gedanke dabei ist, die Programmierung in etwas mehr Öffentliches zu verwandeln, sie der Kontrolle durch alle zu unterstellen.

8. Harr, J., *Programming Experience for the Number One Electronic Switching System*, Vortrag anläßlich der 1969ger SJCC.

Kapitel 13

1. Vyssotzky, V. A., *Common sense in designing testable software*, Vortrag beim Computer Test Methods Symposium, Chapel Hill, N.C., 1972. Ein Großteil dieses Vortrags findet sich in: Hetzel, W. C.(Hrsg.), *Program Test Methods*. Prentice Hall, Englewood Cliffs, N.J. 1972, S. 41-47.

2. Wirth, N., *Program development by stepwise refinement*, CACM 14, 4 (April, 1971), S. 221-227. Vgl. dazu: Mills, H., *Top-down programing in large systems*, in: R. Rustin(Hrsg.), *Debugging Techniques in Large Systems*. Prentice Hall, Englewood Cliffs,N.J. 1971, S.41-55. Zum gleichen Thema: Baker, F. T., *System quality through structured programming*, AFIPS Protokoll FJCC, 41-1 (1972), S. 339-343.

3. Dahl, O. J., E. W. Dijkstra, C. A. R. Hoare, *Structured Programming*. Academic Press, London, New York 1972. Dieser Band enthält die umfassendste Darstellung. Vgl. auch Dijkstras beachtenswerten Brief, *GOTO statement considered harmful*, CACM, 11,3 (März, 1968), S. 147 - 148.

4. Böhm, C., A. Jacobini, *Flow diagrams, Turing machines, and languages with only two formation rules*, CACM, 9,5 (Mai, 1966), S. 366-371.

5. Cood, E. F., E. S. Lowry, E. McDonald, C. A. Scalzi, *Multiprogramming STRETCH: Feasability considerations*, CACM, 2, 11 (Nov., 1959), S. 13-17.

6. Strachey, C., *Time sharing in large fast computers*, Protokoll Int. Conf. on Info. Processing, UNESCO(Juni, 1959), S. 336-341. Vgl. auch Codds Anmerkungen auf S. 341. Er berichtet über Fortschritte, die bei der in Stracheys Aufsatz vorgeschlagenen Arbeit erzielt werden konnten.

7. Corbato, F. J., M. Merwin-Daggett, R. C. Daley, *An experimental time-sharing system*, AFIPS Protokoll SJCC, 2 (1962), S. 335-344. Nachdruck in: S. Rosen, Programming Systems and Languages. McGraw-Hill, New York 1967, S.683-698.

8. Goald, M. M., *A methodology for evaluating time-shared computer system usage*, Ph.D. Dissertation, Carnegie-Mellon University, 1967, S. 100.

9. Gruenberger, F., *Program testing and validating*, Datamation, 14,7(Juli, 1968), S. 39-47.

10. Ralston, A., *Introduction to Programming and Computer Science*. McGraw-Hill, New York 1971, S. 237-244.

11. Brooks, F. P., K. E. Iverson, *Automatic Data Processing, System/360 Edition*. Wiley, New York 1969, S. 296-299.

12. Eine gute Darstellung der Entwicklung von Spezifikationen und bereits gebauter und getesteter Systeme findet sich in: F. M. Trapnell, *A systematic approach to the development of system programs*, AFIPS Protokoll SJCC, 34(1969), S. 411-418.

13. Ein Echtzeitsystem benötigt einen Umgebungssimulator. Vgl. z.B.: M. G. Ginzberg, *Notes on testing real-time system programs*, IBM Sys.J., 4 (1965), S.58-72.

14. Lehman, M., L. Belady, *Programming system dynamics*, vorgetragen beim ACM SIGOPS dritten Syposium über Prinzipien für Betriebssysteme, Oktober 1971.

Kapitel 14

1. Vgl. C. H. Reynolds, *What's wrong with computer programming management?* in G. F. Weinwurm (Hrsg.), *On the Management of Computer Programming*. Auerbach, Philadelphia 1971, S. 35-42.

2. King, W. R., T. A. Wilson, *Subjective time estimates in critical path planning - a preliminary analysis*, Mgt. Sci.,13, 5 (Jan., 1967), S.307-320, und die Fortsetzung: W. R. King, D. M. Witterongel, K. D. Hetzel, *On the analysis of critical path time estimating behaviour*, Mgt. Sci., 14,1, (Sept. 1967), S. 79-84.

3. Eine ausführlichere Darstellung findet sich in: Brooks, F. P., K. E. Iverson, *Automatic Data Processing, System/360 Edition*, Wiley, New York 1969, S. 428-430.

4. Privates Gespräch.

Kapitel 15

1. Goldstine, H. H., J. von Neumann, *Planning and coding problems for an electronic computing instrument*, Teil II, Band I, Bericht an das U.S. Army Ordinance Department, 1947; Nachdruck in: J. von Neumann, Collected Works, A. H. Taub (Hrsg.), Band V., McMillan, New York, S. 80-151.

2. Privates Gespräch, 1957. Die Argumente wurden veröffentlicht in: Iverson, K. E., *The Use of APL in Teaching*, IBM Corp., Yorktown, N.Y. 1969.

3. Eine weitere Auflistung von Techniken für PL/I findet sich bei: A. B. Walter, M. Bohl, *From better to best - tips for good programming*, Software Age, 3,11 (Nov., 1969), S. 46-50.

    Dieselben Techniken können auch auf ALGOL und sogar auf Fortran angewendet werden. D. E. Lang von der University of Colorado hat ein Programm zur Formatierung von Fortran mit Namen STYLE, das ein solches Ergebnis erreicht. Vgl. dazu D. D. McCracken and G. M. Weinberg, *How to write a readable FORTRAN program*, Datamation, 18,10 (Okt., 1972), S.73-77.